世界科普巨匠经典译丛·第五辑

Kexue de Kaishi

科学的开始

(苏) 米·伊林 著　丁荣立 编译

上海科学普及出版社

图书在版编目（CIP）数据

科学的开始 /（苏）米·伊林著；丁荣立编译．—上海：上海科学普及出版社，2015.1（2021.11 重印）

（世界科普巨匠经典译丛·第五辑）

ISBN 978-7-5427-6278-8

Ⅰ．①科… Ⅱ．①米…②丁… Ⅲ．①科学知识—科普读物 Ⅳ．① Z228.2

中国版本图书馆 CIP 数据核字 (2014) 第 240978 号

责任编辑：李　蕾

世界科普巨匠经典译丛·第五辑
科学的开始

（苏）米·伊林 著　丁荣立 编译

上海科学普及出版社出版发行

（上海中山北路 832 号 邮编 200070）

http://www.pspsh.com

各地新华书店经销　三河市金泰源印务有限公司印刷

开本 787×1092　1/12　印张 14　字数 168 000

2015 年 1 月第 1 版　2021 年 11 月第 2 次印刷

ISBN 978-7-5427-6278-8　定价：32.80 元

本书如有缺页、错装或坏损等严重质量问题
请向出版社联系调换

目录

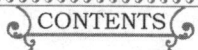

第01章 神话的消亡

科学的起点　　　　　　　　002
奥林匹斯山上的居民　　　　005
世界的边缘走远了　　　　　007
歌手传播知识的种子　　　　011

第02章 科学从这里开始

环游世界的旅行　　　　　　016
科学的发言　　　　　　　　029
把阻碍科学的围墙移开　　　045

目录

第03章 传播科学的思想

崭新的歌曲开始传唱　　　　050
科学能够被拉拢吗　　　　　055
走自己的路　　　　　　　　070

第04章 智慧的古人

和伟大旅行家希罗多德的相遇　　078
伟大的颂歌　　　　　　　　092
伟大的哲人　　　　　　　　098
先进的和过去的　　　　　　105
发展的困境　　　　　　　　110
过去的历史和经验　　　　　116
光明之神的枷锁　　　　　　119

目录
CONTENTS 003

第05章 真理和自由永存
人类开始自我怀疑　　　122
人类误入歧途　　　　　127
虚幻世界的真实　　　　138
对立的两个派别　　　　144
前进道路曲折　　　　　146

第06章 科学征服世界

第01章
·神话的消亡·

一个世纪又一个世纪过去了,科学在发展,人类在进步,生活中原来无法参透的神秘事物越来越少。人们开始相信自己眼睛看到的和手触摸到的东西,这是人类智慧的进步。这种进步使神明的"地盘"越来越小,正如东升的旭日驱赶走山谷的雾霾。

科学的起点

很久很久以前,地球上居住着原始人,他们感觉整个世界既神秘又难以预料,处处充满危险。许多事物和现象让他们感觉匪夷所思。他们生怕自己在某一刻或者某个举动会不小心触发某个"机关",导致所有生命被那无法捉摸的力量吞噬。于是,每个人都小心翼翼地生活着。对于未来,他们几乎不敢去想,他们甚至连自己能否看到下一轮太阳照样升起、是否熬得过漫长寒冷的冬天,都是未可知的。或许是由于这种恐惧,巫术开始在此时大行其道,人们祭祀、跪拜,祈求太阳不要落下……

在埃及,法老被认为是给予人们光明和一切的太阳的化身——或许连他自己也对此深信不疑。他每天绕着庙宇走一圈,并且宣称,他绕庙宇的行走正是天上太阳每天东升西落的象征,只要他能每天这样走一圈,天上的太阳就会绕着宇宙走一圈,如此循环,每天太阳就会照常升起。这样,人们就放心了许多,于是对法老敬若神明。

如今在埃及,每个秋天都要过"太阳拐杖节",这正是古时候文化的影子。当地人认为,到了秋天,天气越来越冷,万物凋零,太阳也会一天比一天衰弱,所以人们要给它一根拐杖,使它不至于因为体力不支而耽误运转的"行程"。

在原始人不停的劳作过程中,他们的智力也在缓慢地发育,他们开始对世界有了一些初步的认知。有时,当原

▲ 埃及法老遗迹,法老即埃及的国王

始工匠打磨石头的时候，他们通过经常触摸和观察逐渐了解了石头的一些基本特征，他们开始了解到，石头是硬的，但如果用力去敲打也可以把它敲碎。再后来他们的认识更深一层了，他们还知道，敲石头的时候，石头是不会像人一样喊叫的。当然，他们的了解也仅限预测，他们依然搞不懂的是，每块石头都长得不同，那许多特征也就应该不同了，这块石头不能说话，那另一块石头会不会突然开口说话呢？呵呵，当然，这种假设会使我们现代人不禁捧腹大笑，但是，原始人真的是那样想的呢！

而今，成千上万年过去了，人们在这些岁月里见识了各种各样的石头，于是他们渐渐发现了石头的普遍规律，石头都是硬的，而且所有的石头都是不能说话的。

就是这样，随着时间的推移，人类对万事万物的概念越发清晰，科学的种子逐渐发芽了。

这时，当工匠说"石头是硬的"的时候，他的意思是所有的石头，而不再仅仅指手里拿着的那一块。人们已经了解到了自然界的某种规律，"冬天之后是春天"这个规律对我们现代人来说早已司空见惯了，连小孩子都不会对此感到稀奇。但是对于我们的祖先们来说，发现四季的更替是相当大的科学发现之一，是他们经过漫长的观察之后才得出的结论。

我们的祖先一刻都没有停下认识世界的脚步，他们先是明白了冬天和夏天的轮换并不是偶然的，不再担忧自己度不过漫长的严冬。然后，他们开始了解年份了。埃及人是在弄懂尼罗河泛滥的规律后才发现"年份"这件事的，于是他们将每次河水泛滥到下次河水泛滥之间的时间规定为"一年"。

埃及人沿水而居，他们的灾难也大多来自河水泛滥，于是他们都相信河是神明。因此，他们把观察尼罗河水涨落这件神圣的工作交由祭司担任。直到今天，我们还能在尼罗河两岸的庙宇墙壁上发现古时候祭司用来记水位的线道。

▲ 气候干燥，降雨稀少，土地裂开了又深又大的缝子

7月，气候干燥，降雨稀少，土地裂开了又深又大的缝子，农夫们焦急地等着尼罗河黄色、含着泥沙的水流过来，拯救他们的农田。可是如果万一"神灵"发怒，不送水到田地里来，人们又该怎么办呢？——祭祀！

每次祭祀的时候，四面八方的礼物和供品都聚集在庙宇里，农夫们甚至会将自己仅存的几把谷粒献给祭司，诚恳地请求祭司祈求神明赐予雨水。然后每天早晨天色刚刚发白的时候，祭司便会带着众人的祈求到河边去观察河水是否已经上涨。晚上祭司会爬到庙宇的屋顶，虔诚地跪在那里遥望天空中的星辰，寻找着与神灵对话的法门。最后，祭司称自己获得了神明的启示，他在庙宇里庄重地宣布："再过三天，神就会放水浇灌田地。"于是人们欢呼雀跃，对神明更加敬畏。

渐渐地，人们开始对世界有了更多新的认识，世界并不神秘也不恐怖，知识能帮助人类渡过一切危难。而这些认识正是从朝拜的寺庙屋顶和各种手工匠人的工作场所获得的，那里曾是人类最初的天文观测台和实验室。但是确切地来说，这种质朴的古代科学和我们现代的科学并非一回事，那时的科学在今天看来更像是巫术。因为那时候的人们不仅观察星空的规律，而且还会用占星来预卜吉凶，他们会一边研究天地万物的科学性，一边还不忘向天地间的神明祈祷。

尽管如此，时间能解决一切，原始人无知的迷雾开始渐渐地被驱散……

奥林匹斯山上的居民

原始人渐渐走出神秘世界的迷雾，万物的真实状态开始在他们面前显露出来。

以前，原始人相信到处都住着灵魂，每只动物、每棵树，甚至每块石头都有一个灵魂，虽然这在后来被看做是一种无稽之谈。但是，原始人只是进步了一点点，和现代人的差别还很大，要他们完全摆脱对神的信仰是件费时又费力的事。

取代"每种物体身体里都有灵魂"信仰的是，人们开始相信同一种事物必然拥有一个共同的神来管理，例如，森林里由森林神来管理花草树木和各种动物。丰收女神取代了一切农作物体内的灵魂。

此时，神明代替了以往的那些灵魂，人类住在那些没有人烟的地方——树木茂密的山顶或阴暗神秘的丛林。可是随着人类继续发展，他们征服自然的能力有了突飞猛进的提高，于是知识照亮了茂密的丛林，笼罩在山坡上的神的迷雾被驱散了。此时，那些再次被赶出安身之所的神明或者升上了天空，或者下到了海底，或者干脆躲到地下王国。神明在人间的出现也只是在人间参与各种战争、帮助人类攻城略地——当然这些都是人们的口头上传来传去的传说而已。

故事中，神明们总是威风凛凛地拿着利剑和长矛，成为左右战争输赢的关键。他们总是在最危险的关头，使用乌云或者暴雨掩护一方的首领，并且用闪电和雷击退敌人……我们都知道这些仅仅是传说故事，但是那些故事的讲述者们往往又会煞有其事地说，这些都是发生在很久很久以前的事情了，好像这样的故事的确是真的一样。

人们开拓世界所获得的经验成了"神明"们的克星，这些经验逐渐变成

▲ 尼罗河的庙宇

了智慧，不断扫除愚昧的雾霾，扩大光明的圈子。跟神明打交道变得越来越不容易了，以前，几乎每个人都能举行巫术仪式，为大家带来神赐予的奇迹。那时候的巫术仪式非常简单：如果要求雨，只要含一口水，在跳舞的时候将水喷出去就行了；如果要把乌云驱散，露出太阳，人们爬上屋顶，吹一口气就可以了，就是这么简单。那时的人认为，水流向水，风吹向风，往地上撒水，天上乌云里的水就会被召唤下来。

但是人们慢慢认识到这种简单的方法不能求到雨，他们得出结论：神明不会轻易听从人类的咒语。于是，在人和神明之间出现了一个"中间人"——祭司，于是巫术仪式也变得越来越复杂，只有祭司们懂得如何举行仪式，也只有他们能和神真正地交流。

以前，巫师仅仅是一些司仪或者指挥，他们和神明的关系并不比其他人亲近。而此时的祭司却是另外一回事儿，他通常一个人住在神秘的丛林里，与神明为伍。也只有他们爬上寺庙的屋顶观察星空时，才能读懂那部复杂的"天书"，参透出神明的旨意。

这样，普通人和神明之间被祭司隔开了，而且越来越远，神明也不再对所有的人一视同仁。人们开始重新审视自己和自己的生活，人们似乎发现，从前的那种平等已经不复存在了。

"就是这样的，"祭司往往这样教育人们，"人应该把一切都献给神。在这个世界里，神是至高无上的，他统治着地上的每一个人，只有诚心礼神的人才能获得神的庇佑。"然而即使祭司一再鼓吹，还是有人逐渐对此表示怀疑，不愿意屈从于神灵的意志。就连古希腊的诗人都不禁揶揄道："为什么我们看不到宙斯神的公平？好人遭罪，坏人享福。孩子们因为父辈的罪过受到惩罚。我们只好祈祷希望之神——它是留在人间的唯一的神，其他的神都到奥林匹斯山享福去了。"

世界的边缘走远了

真实与神话、知识与迷信之间的界限，在原始人眼里是模糊不清的。在经历了成千上万年后，他们才摸到一点头绪而已，他们懂得了"想要得到奶油，必须把牛奶放很长一段时间"这样的逻辑。而那些流传到今天的古代诗歌和传说中，很难区分是部落首领的历史还是神明英雄的神话，也很难区分真实的地理知识和虚构的想象，甚至很难把最初关于星空的知识和古代传说分开。

▲ 古壁画上的埃及祭祀活动

▲ 《奥德赛》

著名的史诗《奥德赛》和《伊利亚特》是希腊人给后代们留下的最古老、最原汁原味的诗歌和传说。这两篇诗歌讲述的是这样的故事：希腊人围攻并且毁灭了特洛伊城，后来希腊部落的一个首领奥德修斯在海上漂流了很久终于回到自己的故乡伊塔刻。神明和人们共同在特洛伊城下作战——有些神帮助进攻者，有些神则救助被困者。有一些人是特别受神宠爱的，每当他们遇到危险时，神就会出现，去拯救他们。诗歌中写道，神明们甚至在奥林匹斯山上举行宴会的时候还在讨论人类的战争，他们商量是该让人们继续战斗，还是让敌对的双方和解。

真实和虚构并存于古代的传说中，究竟其中哪些是历史，哪些是神话似乎难以判定。希腊人以前到底是不是真的在特洛伊打过仗？甚至，特洛伊城是不是真的存在过？学者们曾就这些问题争论了很久，最终也没有找出公认的答案。最后，还是靠考古学家的铁锹去解决了这个争论已久的问题。按照《伊利亚特》里面的线索，考古学家跑到了小亚细亚，在故事中指示的地方挖掘出了特洛伊城的遗址，这就证明特洛伊城的确存在过。

至于《奥德赛》里面的故事，地理学家也证明那些并非全部虚构。他们甚至把奥德修斯的旅程在地图上全部找了出来。如果你拿古今地图对照看，在那上面可以找到故事中提到的"食莲国""埃俄罗斯岛"，甚至于还有"斯库拉"和"卡律布狄斯"——就是在这里，奥德修斯的船差点被打翻。

根据地理学家的考证，食莲国位于现在非洲黎波里海岸边，埃俄罗斯岛则指利帕里群岛中的那些岛屿，而西西里岛和意大利之间的海峡就是故事中的斯库拉和卡律布狄斯。但是如果只靠《奥德赛》来研究古代世界的地理知识，那会将你引上歧途。因为《奥德赛》虽然是第一本描写旅行的书，但在这本书里，地理知识被神话化了。在此书中，山被描述成妖怪和野蛮人，甚至是能吃人的怪兽。

在古代，大多数人只熟悉自己的家乡，即使有些商人会乘船在大海里航行，但他们也不敢离海岸太远。那时候，在辽阔无垠的大海中航行是随时都会送命的。因为那时候的人们既没有指南针，也没有地图。他们航海的时候只能靠自己摸索，只能通过太阳和星星指示方向，把途径地区的岩石或树木当作灯塔。

广阔无垠的大海处处隐藏着杀机，人类制造的小船在海洋里像是一片树叶随着海浪摇摇晃晃，而且船帆很硬，很不好操纵，人们也没有完全掌握风的特性，小船随时有被大海吞噬的危险。水手们经常要经过艰难的努力，才能把船靠拢到岸边，走上陆地进行休息。但是到了陆地也不能让他们真正放心，因为陌生的地方有时比大海还要危险。水手们听过吃人的故事，虽然不能确信，但也都胆战心惊，所以他们并不敢在陌生的地方离开海边太远，往往只是在附近溜达一下就尽快离开。尽管如此，每一次新的

▲ 人类制造的小船在海洋里像一片树叶随着海浪摇摇晃晃

旅程还是扩大了人类的视野，那原始世界和神话世界的边界越来越向外扩展。有些勇敢的水手会一直航行到海的"大门口"，认为外面就是大洋了。在这些人看来，外面的大洋和辽阔的宇宙一样，是无边无际的。当他们回到家乡时，他们会骄傲地告诉族人，他们已经去过世界的尽头，他们所生活的陆地四面八方都是海洋……几千年之后，人们从欧洲到达印度，从中国来到欧洲，航海家们横渡大洋，在海的另一边找到了同样居住着人类的另一块陆地。

但是此时，神话与科学仍然没有分开。航海家哥伦布曾经相信地球上存在一座高山，那山上就是天国的所在。他写信给西班牙国王，说他希望能够有一天走到天国去，去研究那里的环境。在俄罗斯，直到15世纪人们还认为在乌拉尔山那边住着一种人，他们在冬天会像熊一样冬眠。流传至今的古代的手抄书《东方国家的奇人》中描述了一种人，他们的嘴长在脑门上；还有一种人没有头，眼睛长在胸口。我们也许觉得这些都是笑话，其实我们自己也总会让妖怪住在我们所不能去的世界里。如今，在我们仔细地把地球研究过后，神话故事和幻想也就无所遁形了。

歌手传播知识的种子

一个世纪又一个世纪过去了，科学在发展，人类在进步，生活中原来无法参透的神秘事物越来越少。人们开始相信自己眼睛看到的和手触摸到的东西，这是人类智慧的进步。这种进步使神明的"地盘"越来越小，正如东升的旭日驱赶走山谷的雾霾。但是巫术也不会就这样乖乖就范，它们还在某些领域垂死挣扎：祭祀神的游戏、舞蹈或歌曲里。但是，觉醒的理智会常常酝酿着如何把它们从这些地方赶走。当人们将巫术的思想从舞蹈和歌曲中剔除掉，留下的就是单纯的艺术了。

在远古的希腊，农夫们每年都会举行巫术仪式，感谢酒神狄俄尼索斯，感谢酒神帮助大自然在漫长的冬季之后再度苏醒，而且赐予大家食物和美酒。仪式上，人们带着野兽面具围着祭坛跳一种特定的舞蹈，而且会有一位领唱者，给大家唱关于狄俄尼索斯受难的歌曲，还要给歌词配上动作，领唱者一会儿捶打胸膛，一会儿仰天长泣，就像今天的拉场戏。这时其他人会附和着他，进行伴唱，因为在场的每个人都对这歌曲耳熟能详。但是经过几个世纪之后，巫术和戏剧逐渐开始分家，戏剧本身单独流传了下来。人们还是照旧游戏、

▲ 酒神狄俄尼索斯雕塑

唱歌、跳舞、表演，但是他们的表演从神的受难与复活，逐渐演变为各种各样的人的生活。

经过发展、演变，原来巫术仪式中的领唱人慢慢变成了最初的歌手和演员，带着面具的表演者们渐渐演变成了丑角或喜剧演员。最后，歌曲同巫术彻底分道扬镳了。早期，在举行祭祀仪式的时候，在首领和士兵举行欢宴的时候歌手们都会唱歌。他们一边弹着弦子一边唱，唱到高兴时还会和着音乐跳起舞来。当时的歌手唱的内容是什么呢？他们歌唱神灵、英雄，他们歌唱自己部落英勇的首领……总之他们的歌唱内容不再是咒语，也不再是巫术，而是鼓励人们去创造新生活的故事。当然，也有一些歌是赞颂爱情，伤春悲秋的。我们会产生疑问，这些歌曲来自哪里？它们大多源于人们自己或者父辈、先人的生活经历，比如婚丧嫁娶、收获粮食或采摘水果的场景等，有的歌曲是描摹生活中那些现场场面的，也有的是赞美祝福的。

渐渐地，那些原本只在巫术仪式上唱歌的人，有了新的歌者代替，她们可以是坐在纺车前的姑娘；也可以是哄着孩子入睡的母亲……而且他们随时随地都可以唱那些歌颂春天和一年四季的歌；而赞颂爱情的歌也并不需要非得赶在婚礼现场才能唱。

我们不禁会问，究竟是谁创作了这些歌曲？如今，这些歌曲的作者几乎都无法查证了，正如我们不知道是谁制造了第一把剑和第一架纺车一样。而且在古代，无论是工具还是歌曲，往往不是仅凭一个人的能力创造出来的，而是从很多人甚至几代人的生活生产经验中沉淀出来的。那时候的歌曲传播只有一个途径——口口相传，歌曲在传播过程中往往会经过无数人的演唱，在此期间往往会发生或多或少的变化。就像小溪最终会汇集到大海一样，有些短歌被唱成了长歌，最后汇集成了诗篇。

我们知道，《伊利亚特》的作者是荷马[1]，那么"荷马"究竟是谁？这个问题几乎没人能讲清楚。如今，我们只能找到一些关于他的传说，想象他大概和长诗中所歌颂的那些英雄一样，也是个传奇人物。

最初的歌手创作的歌曲往往和自己的氏族、部落有着密切的联系。那时，人们所做的事情都是集体共同完成的，创作歌曲当然也不例外。最初，歌手们只是对先人们口口相传下来的歌曲进行少许再改造和修饰，那时候他们也并不认为自己就是作者。但是后来，人们开始有了"自己的"和"别人的"意识。工匠们开始为自己做工，人们开始为自己做一些事。在这种情况下，氏族不再是一个整体，逐渐分裂了。

▲ 祭祀酒神的活动

几个世纪之后的诗人提奥格尼斯的话印证了当时已有"版权私有"概念。他说："我将自己的印记盖在这些诗歌上，证明那是我的创作果实，谁也不能窃取。每一个看到我印记的人都明白，这是提奥格尼斯的诗。"

在氏族制度下，人们是绝对不会说出"我"这个字的，因为他们内心根本没有这个概念。但是后来，这个字越来越经常地出现在人们生活中。歌手

1　荷马（公元前9～前8世纪），是失明的古希腊行吟诗人，生于小亚细亚。相传，《伊利亚特》和《奥德赛》都是他所写。目前还是有许多争论，争论到底荷马是不是确有其人，他的生活年代和这两部史诗到底是不是他所作等等。

▲ 女诗人萨福的雕塑

们或者认为是缪斯女神[1]给了自己创作灵感，或者认为是神赐给了他优美的嗓音，总之，无论如何他们已经忘不了自己了。

"缪斯给了我词句，
人们对我的纪念将永不消逝。"

这是希腊女诗人萨福的诗句，虽然她说诗句是缪斯女神赐予的，而不是她自己在语言里挖掘出来的，但是从这句诗句里我们已经可以看到，她知道自己的名字将会随着诗句广为流传。

人都在不断成长着，长得越来越高，看得越来越远，他们周围的天地也愈加辽阔了。

---

1 缪斯，希腊神话中的女神，掌管文艺和科学。

第02章
·科学从这里开始·

科学不是一蹴而就的,它是日积月累发展起来的。不久之后,它就觉得以前的世界太狭窄了,老旧的围墙使它感到窒息,于是它用自己的双手使劲地推着围墙,想把围墙移开。天的外围不断向外扩散,逐渐地,围墙消失了,整个天地变得宽广无限。

环游世界的旅行

  5000多年甚至更远以前，人类所看到和认识的世界是极其有限的，充其量只能算是世界的一个角落而已。那个时候，埃及人翘首以望，也只能看见利比亚山脉、阿拉伯沙漠和流淌其间的尼罗河，前面的黑色深渊、后面的险滩和急流。浅蓝色的天空笼罩在这一切之上，构成整幅画面的背景……而埃及人曾经以为，这就是世界的全部。

  当时的埃及人骄傲得像只孔雀，他们只把自己身边的河流叫作"河"，管自己种族的人叫作"人"，因为埃及的土壤是黑色的，所以他们崇尚黑色，贬低外族居住在其他颜色土壤之上的人。在他们眼中，一切外族人都是魔鬼的儿子，即使杀戮精光也毫无可惜，因此他们有时会为了几个铜板的奖赏，去杀死大群俘虏却毫无怜惜。

  他们眼里，世界的边缘非常近，但是，埃及人却不敢随便跨越。他们认为，大海就像一扇闪耀着蓝光、无法逾越的大门。因为没有勇气跨越，所以大海变得神圣起来，祭司告诉人们，海水里的盐是邪恶的海神吐出来的毒药，是不能碰的。这样，埃及人守着这个戒条祖祖辈辈生活了好几个世纪，从不敢越雷池半步。

  时光的飞逝，尼罗河不但解决了人们的温饱，甚至给人们的生活带来了盈余。但人们得到的这个"礼物"并不是仅仅靠尼罗河的无私馈赠，更大原因是人们自己的努力，他们挖沟渠，筑堤坝，把尼罗河水引向田地，或者贮存起来以防备干旱……

  整个氏族的人都在齐腰深的水中干活，即使如此，他们还是常常感到人手不够。因此，如果再继续把俘虏全部杀死，人们就会感到很不划算，于是，他们想到了新的处理办法：不再杀死俘虏，而且把他们留下，让他们到田地里干活。就这样,俘虏们带着枷锁、拖着沉重的脚步跟在埃及军队后面。那时候,还没有"奴隶"这个词,埃及人称他们为"活死人"。这个词儿听起来很奇怪,但这并不能阻止它频繁地出现在当时庙宇和陵墓的墙壁上。

▲ 古埃及壁画农耕图

渐渐地,奴隶成了社会的一大主要阶层,他们除了被安排干农活,还会被派去做挖沟渠、修堤坝、打水井等工作——此时,奴隶制产生了,埃及人的生活也因此发生了变化。以前,所有人共同劳动,没有阶级之分。现在,劳动由成千上万的"活死人"和底层人分担,一部分奴隶主解放了出来,这样社会分工出现了。这些可以从许多绘制在古人陵墓墙壁上的图画得到印证,它们栩栩如生地展示着当时已产生分工的社会生活:陶工盘腿坐着,用手旋转一个制作陶器的转盘;木匠们手拿着锯子卖力地在锯木板;鞋匠坐在板凳上编着草鞋;冶金工匠用双脚轮流踏着风箱给熔炉鼓风;农民跟在耕犁后,挥舞着鞭子抽打着耕牛……

分工还引发了交易,在那些陵墓壁画上可以看到,人们不仅在干活,而且他们之间还进行着交易:渔夫跪在自己的鱼篓前,在和铁匠换一束鱼钩;农民用收获的果子在交换一双草鞋;猎人在用一只装着鸟的笼子换取一件饰品。

奴隶社会,富人的田地逐渐增多,而穷人的却越来越少。富人们早已不再亲自耕种田地,而是通过蓄养奴隶来完成这些辛苦的劳动。有时候,拥有自由的农夫也会被雇佣干农活,甚至在富人们死了之后,农夫们还要送礼物到他们的坟墓里去。这些场景在陵墓的墙壁上也有描绘:农夫和农妇们赶着黑羊,排着长队,头上顶着的容器里装满了佳肴美酒,这就是去献祭的场面。

▲ 埃及奴隶的劳作图

随着奴隶主势力的扩大，他们急需获得大量的奴隶、建筑用的材料、制作工具用的金属矿石，以及装饰用的黄金和象牙——这些只有通过打仗或者与外族交换才能获得。于是，埃及人开始频繁走出家门。埃及人和他们眼中的"魔鬼的儿子"在国土之外相遇了，并且他们开始明白，别的地方的人也是人。但值得注意的是，埃及人虽然承认这些人也是人，可自己却仍保持着天朝上国的骄傲：埃及人认为他们是下等人；甚至认为能够被太阳普照都是因为沾了埃及人的光；埃及人可以占有这些卑贱人的财产，就算打死了这些卑贱的人也不算犯罪。当他们需要那些用战争也得不到的东西时，埃及人就只能用粮食、工具和饰品等东西出去交换。

在埃及南方边境有一座小岛叫象岛，那里的居民是黑色人种努比亚[1]人，他们擅长猎捕大象。埃及人常常和努比亚人摆开集市——当然，那时候还没有这个称谓，埃及人当时管它叫作"谢维涅"，双方在那里进行交易。埃及人把铜刀、珠子、陶瓷制品等一一摆在在地上，而努比亚人则会带来象牙和金沙，互相交换，各取所需，有时甚至还会讨价还价。

那些住在北方的氏族会长途跋涉把自己的货物运到埃及来参与交易，腓尼基人就是其中之一，他们经常乘着船从水路来到埃及，水手们停船靠岸，然后卸下自己带来的圆木和矿石。

此时，一个新变化发生了，相关的地理研究随着贸易的进行开始了。

---

1 努比亚是一个古国，位于东非，在今天的苏丹境内尼罗河地带。

由于活动范围扩大,人们给周围的岛屿、山岳和盆地分别起了名字。根据这些名字,人们可以辨认出在这些地方,哪种物产最丰富。这样的例子数不胜数,位于腓尼基的雪松盆地,一听便可知盛产雪松;塞浦路斯岛的拉丁文是"cyprium",意思是"铜",这里盛产铜矿;还有"银山",也就是我们现在常说的托罗斯山[1],这里蕴藏着丰富的银矿。

以前,人们曾经以为没有比沙粒更小的东西,也没有比高山更大的东西,直到现在人们还常说"大如高山"或者"小如沙粒",这些都是受原来传统认识的影响。但是,人们的世界范围逐渐扩大了,他们爬上山顶,惊奇地发现山顶并不和天空相连。研究石头的时候,也开始非常仔细地琢磨那上面极其微小的凹凸处。总之,人们开始深入到微小的物质世界里,甚至开始研究肉眼难辨的物质。人们像个盲人一样在微小世界的深处摸索着,探寻金属的奥秘。不知道经过了多少次失败,锻冶匠们开始用火来改变组成矿石的原子原本的排列方式,并最终将"铜"从矿石中分离了出来。自此以后,人们砸开矿石就好像打开了一个装满宝物的盒子。

就这样,人们从矿石中冶炼出了金属,用金属制造出斧子,用斧子建造出船舶,再用船舶去征服海洋……随着这样的进程日益推进,人们的视野慢慢扩大到整个地球——去寻找开启物质世界大门的钥匙。

在那时,造船已经成了人们熟悉和擅长的本领。腓尼基人从黎巴嫩山脚下的雪松盆地里砍来高大结实的百年老树,造船匠用锋利的铜斧砍削树干,将它们加工成长长的棱木,再把它们一根根排列整齐,然后在上面装上木板,做成船的甲板,船尾砍凿成鱼尾的样子,而船头则被刻成鸟的形状。腓尼基造船匠还会非常仔细地在船头安上一个木头人,这是为什么呢?因为这个木头人就是当时人非常信奉的"锤神"普安姆。船员们认为,只有带着普安姆,接受他的庇佑才能安全去远航,才能在各种矿山里顺利地开采出矿石,在锻冶铺子里打造出精致的工具。也正是因为有了他,木工们在造船时才能够拥

---

[1] 托罗斯山,位于小亚细亚南部,在如今的土耳其境内。

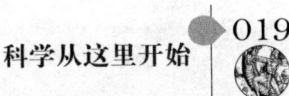

▲ 腓尼基人造的船

有无穷的力量。就是在这个矮矮的"锤神"守护下，这些船才能安全地奔向辽阔的大海，再安全地回到岸边。瞧，这样的"怪物船"多么奇妙，人们希望能被它带到神奇的地方去。

时间不停流逝，很快又过了1000年，下面是距离现在4000年的故事。

腓尼基人的船舶乘风破浪行驶在地中海上，他们的航线越走越远，并开始向沿岸地区输送移民，这为海外贸易和殖民事业打下了坚实的基础。腓尼基人一直走到地中海的"门口"，当他们发现直布罗陀的岩石时，他们将这些石头称作"美尔卡斯的柱子"。"美尔卡斯"是一个神，腓尼基人相信，是美尔卡斯为他们修建了故城提尔[1]的城墙，并在海洋的"门口"竖起这些柱子。看到这些柱子，腓尼基人就像听见了美尔卡斯的警告："站住！不许你们再向前走一步了。你们已经离故乡的城墙很远了，这里已是世界的边缘，就停

---

1 提尔，又名苏尔，是古代菲尼基的重要城邦，也翻译成"推罗"，现在是黎巴嫩的港口城市。

在这里吧。"许多个世纪以来,水手们没有一个敢违背这个禁令,他们将直布罗陀外面无边无际的海洋看成是可怕的地狱之门。但是,最终地狱之门外陌生地方的财富还是把勇敢的商人吸引了过去。

载满货物的船一艘艘争先恐后地奔向大海。

划船的水手们被锁在板凳上,一划动船桨,他们手上的锁链就哐啷啷地响起,豆大的汗珠从他们打上奴隶烙印的前额和光头上流淌下来。随着船向前行走,海洋变得越来越辽阔。腓尼基人沿着海岸行驶,他们遇见了西班牙人和法兰西人的先祖,他们到达了锡岛,也就是现在的不列颠岛,到达如今的波罗的海,在那时候它的名字是"琥珀海岸"。

人们在地球上旅行,而地球依旧沿着它自己的轨道转动。日月如梭,距离现在已经不是4000年,而是只有2800年了。

在巴勒斯坦,国王所罗门正在建造船只,他从"邻居"腓尼基借来了大批熟悉海洋的水手,随后犹太人和腓尼基人一块乘船出海了。他们经过红海,到达遥远的法尔西斯,也就是现在的印度。水手们从法尔西斯运回珍贵的金银、象牙等材料,而且还有各种当地没见过的动物,像猴子、孔雀等。他们千里跋涉的主要目的就是,获得材料,装饰宫殿和庙宇。

世界的边界被航海者越推越远,不过水手们目前还是沿着海岸航行,他们不敢行驶到宽广的大海中间去。因为海洋太辽阔了,在它中间航行难以辨别方向,非常容易迷航。征服大海显然比征服森林、沙漠以及陆地上的道路要困难得多。在森林中,人们可以循着自己的足迹在树上留下痕迹,以此作为路标;在沙漠中,人们可以根据燃烧的灰烬判断是不是自己走过的路;在商人们行进的古道上,人们可以通过器皿碎片、牲畜的白骨或者地形地貌来辨别是不是常走的路线。但是在水上,这些方法都无用武之地,因为海浪瞬息万变,残船碎桨也全部葬身海底,因此人们无法留下任何记号。对迷失目标和方向的恐惧让这些人很长时间裹足不前。

后来水手们仿佛得到了神明的启示,他们发现既然往下看在大海上寻找

▲ 腓尼基文字

方向没有用，那就往上看，在辽阔的天空中寻找太阳和繁星作为路标。他们成功了。在中午，水手可以通过太阳的方位辨认南方；在夜里，天空中的小熊星座给他们指出向北航行的路。正因如此，腓尼基人管小熊星座叫作"车子"，因为它是属于旅行者的星座。

人们不断观察太阳和其他恒星，目的是找出更多能够帮助自己的天体。以前，海洋把各民族分开了，现在，海洋又重新把大家连结起来。各民族之间不同的风俗习惯、不同的信仰、不同的技术、不同的生活用品甚至包括奴隶都远渡重洋，互相交融。文字从埃及传到腓尼基，从腓尼基又传到希腊，最终传到欧洲，一路传播一路演化，从最初的图形文字最后变成了字母文字。腓尼基语言中的许多词语在欧洲语言里被保留了下来，从现在的字母里我们可以找到根据：比如"гaлepa""ВИНО""ХИТОН"和"алфаВиТ"[1]。后来，每一艘腓尼基人的船上都要跟着一个认识文字的人，专门负责文书和记账，当他们完成任务随船回到家乡之后，这些人要向主人汇报账目。

在民族的不断融合中，许多民族消亡了，许多国家毁灭了，许多事物消失了，唯有文字不但被保留了下来，而且被迅速传播，成为了永远的人类符号。现在看来，还有什么比这几十个"符号"更伟大呢？它们像是一条丝带，将民族、世界、古今连接了起来。如果没有文字，谁能够记得人们在那久远的岁月里究竟发生了什么，创造了什么？掌握了字母，记忆力就没有了时间、地域的限制，它可以把那些已经消失了的世界重新建造起来，它可以带给后人前人总结的经验，促进人类发展。

1　俄文 гaлepa 是大帆船，ВИНО 在俄语中是酒，ХИТОН 是长袍的意思，алфаВиТ 是一组字母的意思。

我们再将目光转向腓尼基水手吧。

每当水手们航行到一个陌生的地方后，他们会首先派出人员去了解该地居住着什么人，是未开化的野蛮人还是崇敬神灵的人。因为他们经常遇到这样的场景：新地区的"主人"们用长矛、箭矢来迎接这些海外来客。基于经验，客人们逐渐学聪明了，他们把自己带来的货物堆在海滩上，点起一堆篝火，然后再回到船上，驶离岸边。"主人"们看见烟火和货物，小心翼翼地走近，拿走自己需要的东西，再放回一些当地的物品留给客人。那时的人们就是这样彼此进行交易，但是保持一定距离。

后来，当地人渐渐熟悉了那些外来人，放下了原有的戒心，当外来人再次到来时，他们也会把船直接拖到沙滩上，卸下货物，供当地人挑选，买卖平静公平地进行着。一般情况下，承担交换任务的多是妇女，氏族首领的女儿也经常会光临这样的"交易会"。可是也有这样的时候：当买卖完成、东西装上船之后，远来的商人们却突然变成野蛮的强盗，他们把女顾客们像货物一样掠上船，等当地人闻讯赶来，常常只能望洋兴叹了！因为已经晚了——船离岸很远了。被抢走的妇女们的家人们痛哭着，诅咒着，而更老的妇人们则念念有词的嘟囔着："这都是神的旨意！"

船越走越远，新的世界在人们面前慢慢展开。每当船只停在一处陌生海岸后，水手们都会兴奋无比，他们觉得身处神话世界，在那里，一切所见所闻都是那么新鲜。高山就像撑着天的柱子，甚至当他们第一次在陌生的岛屿上看到巨猿的时候，他们还以为那是当地人的样子。

为了打开新世界之门，人们始终在学习新的东西，掌握新的技能。他们学会了骑马学会了驾驭骆驼，这样他们打开了通向草原和沙漠的大门；他们学会了用桨，这样他们得以在惊涛骇浪里行走。后来人们逐渐发现，最困难的并不是学习这些技能，而是去了解那些新鲜事物。

人人都有一把自己的尺子，这来自先人的遗传基因和教导，但当人们用习以为常的旧尺子，去衡量遇见的新事物时，他们就会从众多新鲜事物中筛选出符合自己世界观的旧事物，否则他们就会感到无所适从，甚至对这些新事物失去兴趣。

以前，埃及人认为尼罗河是世界上唯一的河，除此之外再不可能存在其他河流。由于尼罗河是由南向北流的，所以当埃及人想表示"北"的时候，就会画一只无帆的小船顺流而下；要表示"南"时，就画一条有帆的小船溯流而上。现在埃及人跳出了自己狭小的空间，他们见到了更多的江河，他们发现，有很多河流与他们原本的认识是不同的，比如幼发拉底河就不是从南向北流，而是从北向南流的。这些发现让埃及人感到非常惊奇，他们决定把他们的新发现记录下来留给后人看。当时的埃及法老是图特摩斯一世，他命人在国境标志上刻了这样一句话："幼发拉底河河水是倒着流的，它总是逆流而上。"

事实上，新世界的很多东西都与埃及人原来的生活、生产经验相冲突。埃及气候干燥，很少下雨，如果没有尼罗河定时的泛滥，或许整个埃及都会变成沙漠，所以在他们的意识中，田地是靠河水灌溉的。但当他们到了新的地方后，他们发现，那里的田地不是靠河水灌溉，而是由雨水来浇灌，于是他们管雨叫作"天上的尼罗河"。此时，在当地人看来司空见惯的雨，在埃及人眼中，却是自天而降的奇异的河。他们就是这样，习惯把新事物向自己所熟悉的经验去靠拢。

随着势力范围的扩大，埃及的国境标柱越移越远。这些标柱上常常写着这样的语句："从东到西，所有土地都是法老的。"

埃及人了解的世界越广大他们就越明白，自己并不是世界上唯一的人，甚至不是世界上最好的人。埃及使者看到了巴比伦宽大的城墙，宽得可以容得下四匹马并排在上面跑。那里还有悬在柱子上、高出地面的花园，也就是我们所说的"空中花园"[1]。在这个花园里，树木参天，锦鳞游泳，天鹅高贵地游来游去，真是美妙至极。

---

1 空中花园，指公元前6世纪由新巴比伦国王尼布甲尼撒二世所建造的悬在半空中的花园，也叫悬苑，是古代七大世界奇观之一。

▲ 巴比伦空中花园

　　高耸在城市上空的巴比伦庙宇由很多级台阶连接上下，这让埃及使者们非常好奇。埃及人虽然自负于本身的博学，但他们还是在巴比伦的祭司那里学到了很多东西。埃及人开始尊敬别的国家的人，并渐渐学会尊敬别国的风俗信仰。再后来，埃及法老开始在别国的公主中挑选妻子，这在从前是完全不可能的，因为他们不屑这样做，他们以前只和自己的亲姐妹婚配，以保持最纯粹的血统。距离埃及人看到雨水灌溉田地惊奇不已之后没过多久，他们就开始明白天上不仅会下雨，而且还会下雪。人们不再只对新事物浅尝辄止地一看而过，而是开始学着用新的思考方式深入思考。那时候，就好像知识和宗教紧密交织在一起一样，思想和信仰的意思是等同的。

　　从前，每座城市都有它自己的守护神，这个神只爱自己城里的人们，而且只帮助自己人去征服别人。而如今，横亘在城市以及部落间的高墙逐渐消失了。"自己人"和"别人"相遇的时候也能够和平相处了，他们不再互相

▲ 奥西里斯神

轻视，满怀敌意。不同城市的人也不只单单在战场上相遇，而更多的是在市场、码头、盛大节日的会场或者庙宇前相见了。包容的文化开始允许人群中有说不同语言的人和有不同信仰的人同时出现，在一切"异类"中发现着共性的东西——腓尼基人从埃及奥西里斯神的脸上找到了自己的神——阿多尼斯的影子，它们同族同宗。

每到春天，埃及人都会用一种草做成球，并用它来代表被恶神塞特杀死的奥西里斯神的头颅。埃及人把这种"头颅"从海上运到腓尼基去，那里的妇女用悲恸的哭声来迎接它。这时，奥西里斯复活了，于是人们开始庆祝这个属于春天的节日——复活节。

后来，人们不仅信仰自己的神，还逐渐开始信仰其他地方的神。巴比伦国王把他们的女神伊什塔尔像送到埃及，并附信说："万国圣母伊什塔尔说：'我要到埃及去，去我喜欢的地方。'"

不久，人们开始敬仰全宇宙的神。那些保佑所有人类的神开始受到人们的祭祀，成为了人类共同的新神。埃及法老埃赫那顿曾为其建造庙宇，作诗赞颂："啊，永远的神，您是多么强壮！您的光芒能够照亮全人类，所有的地方都会为您欢呼，因为您送出了光芒。"

很久以前的某个时期，埃及人认为太阳只照耀埃及，而如今全世界在他们面前敞开了，于是埃及人的很多看法都改变了。他们在诗中这样写："您使其他国土上的人也能生活，您把天上的尼罗河水赐给了他们。"埃及人还承认，在别的地方生活着很多人，他们甚至雇用其他地方的人来护卫法老的战车，并且还接纳了那些来自异乡的商人。在一些庙宇的墙壁上，埃及人第一次写下了"人类"这个字眼。

是的，一个人无论使用什么语言，上天都会在地球上给他留下一个位置。

虽然世界在逐步扩大，但仍有一部分人在坚守一些古老的信仰，这些信仰由来已久，从埃及人还住在狭小世界里的时候就存在了。当然这种现象不仅仅在埃及发生，在其他国家也是这样。例如几个世纪之后的希腊也存在同样的问题。希腊的航海者一路向北，走到了西徐亚[1]，往西走到了西西里和意大利。他们用随船带去的器皿、纺织物和饰品换回粮食、美酒和油。

▲ 希腊时期的花瓶

以前，希腊的纺织品都由家庭妇女自己纺织，每个村子都有锻冶匠，还有烧制杯盘并且描绘装饰花纹的陶工。但是现在不同了，希腊城市中的生活变成了另一番模样——若一个工匠烧制杯盘，花纹则由另一个工匠负责描绘；一个铁匠造剑，另一个铁匠则负责制造盔甲。而且不同的工匠之间开始有了更加细致的分工。

同时，城市和城市之间，也有了大范围的分工。米利都[2]以盛产毛织物著名，科林斯则以甲胄闻名，而雅典最著名的是描花花瓶。从前，农夫们都自给自足，他们自己种粮食吃，自己种葡萄酿酒喝，自家养羊，继而纺成毛线织斗篷。而现在，米利都拥有专门的织工，他们不再从事其他方面的生产，他们把自己的织物卖给商人，再换所需的粮食和美酒。

后来，希腊人的势力范围拓展得越来越远，他们来到了黑海沿岸的奥里维亚和费奥多西亚，与当地人进行交易，用制作精美的瓶瓶罐罐和针织品交

---

1 西徐亚，是一个位于黑海北岸的奴隶制国家，也被称作斯基泰王国。大约在公元前7世纪，西徐亚人从东方迁徙到黑海北岸，组成部落联盟，到公元前4世纪，西徐亚人组建了统一的王国，公元3世纪，西徐亚王国灭亡。

2 米利都，位于今天的小亚细亚西海岸，科林斯在伯罗奔尼撒半岛的东北部，雅典则是古希腊亚提加半岛上的一个奴隶制城邦。

▲ 太阳神驾着四匹亮闪闪的天马奔驰而来

换成袋的小麦。

希腊水手们眼中的世界越来越宽广了，世界的边缘从锡岛和琥珀海岸扩展到西徐亚，最后又延伸到了印度。可是一些老人们还是像从前一样，他们给孩子们讲古老的故事时，说的还是其他国度的妖怪故事。当时希腊人已经在墨西哥海峡建有城市，但他们还是相信，在狭窄的海峡里，有一种叫斯库拉和卡律布狄斯[1]的妖怪，正埋伏在某处等待过路的水手。并且人们相信，大地像盘子一样又圆又平，四周被天幕笼罩着，天的西方和东方各有一扇门。每天早晨，朝霞把东方的门打开，太阳神驾着四匹亮闪闪的天马奔驰而来，到了晚上，另一扇大门在西方打开，疲倦的天马沿着天空的斜坡慢慢走进夜色之中，完成一天的使命。

在离奥德修斯所统治的伊塔刻岛[2]不远的地方，有一座叫作累夫卡斯[3]的岩石小岛。传说，这座岛的后面隐藏着一个地下王国的入口，附近草地上生长着白色的花朵，四季开放，死者的幽灵在那里盘旋着……人们听到这些奇妙的故事时，就暂时忘记了眼前的现实世界。人们努力越过大海，移开阻碍自己世界周围的围墙。但是进入新的世界后，人们又遇上了更坚韧的障碍物，这是非常厚重的高墙，这是由来已久的、根深蒂固的观念的墙。古代的神灵正在保卫这堵墙，人们只有依靠科学的力量才能把它打破。

1　在长篇叙事诗《奥德赛》里曾经讲到奥德修斯穿过两个海峡，分别是斯库拉和卡律布狄斯，他的船在这两个地方差点被打破。《奥德赛》里把这两个地方描绘成两个女妖。
2　伊塔刻岛是位于希腊半岛西南部的一个小岛，靠近半岛的海岸。
3　累夫卡斯，希腊西面爱奥尼亚群岛中的一个小岛。

科学的发言

现在，我们几乎每天都在讨论科学的最新成果，那么，科学的第一次发声究竟是在什么时候呢？如果我们把第一篇科学论文作为科学的最早"发言"，那应该是在公元前547年，希腊的米利都城。那篇科学论文叫《论自然》，作者是当时一位名叫阿那克西曼德[1]的科学家。果真如此的话，那么我们就应该在1953年庆祝科学诞生2500年。可是，科学到1953年时真的只存在了25个世纪吗？阿那克西曼德是怎么写出这篇论文的呢？难道他没有老师吗？不，他有自己的老师，他的老师叫泰勒斯——当时米利都的一位商人、航海家和科学家。

据记载，公元前585年，居住在米利都的人们看到了日食。在那之前也有过日食，并且每一次日食的发生都会在城里引起很大的骚动，但是这一次更让米利都的人们感到惊愕。他们惊愕的并不是日食这种现象的发生，而是

▲ 公元前585年日食

在这之前有个人向他们预测了此次日食的发生。做出这次预测的人就是米利都人泰勒斯。

其实，严格地说，泰勒斯也不能被称为世界上第一位科学家，因为他也

---

1 阿那克西曼德是古希腊米利都学派的唯物主义哲学家，他生活在约公元前610年到公元前546年。

有自己的老师。据传，泰勒斯曾乘船到埃及运盐，在那里他学会了如何测量金字塔的高度。由此我们有理由猜测，他预测日食的本领很可能是从巴比伦人那里学来的。

科学并不诞生于米利都，而是从别的地方传递过去的。米利都有其自身的地理优势，它建立在通向四面八方的海陆交叉路口上，这一点为当地的科学发展起到了重要作用。在这里，每天都可以看到无数的黑弦船在海湾进进出出，与各国进行着贸易，有的船开往西徐亚人的奥里维亚，有的开到埃及，也有部分船只驶向意大利。而在陆地上，米利都商队正在不慌不忙地穿过森林，经过草地，来到小亚细亚，走向波斯、巴比伦……

在巴比伦，每一座庙宇好像都被指派了不同的任务，它们承担着观察和思考的工作，甚至连这些庙宇的外观都能够使人联想到宇宙、行星和恒星。庙宇的房子象征着山，这里的七级宝塔是一层一层叠建的建筑，好像是巨大

▲ 七级宝塔

的通天长梯，七级符合七曜[1]的数目，有着宗教意味。庙宇下面的大理石储水池则象征着深渊，巴比伦人相信，世界诞生于这个深渊。庙宇的周围是一排排的圆柱，实验室、学校、图书馆和档案处就建在这些圆柱和高墙之后。

在学校里，教室是一间间小小的屋子，学生们坐在这样小小的屋子里，围在老师的脚旁边，认真地学习。如果天气好的话，老师也会让学生们带上他们用黏土做的本子，坐到院子里面去上课。在图书馆里，堆满了这种黏土做的本子，里面记载着几千年来收集的知识和学问。在一块黏土本子上，开卷处写着"埃努玛·埃利什"，它的意思是"从前，在我们的头顶上"，这句话叙述了"从前有个时期，在我们的头顶上，天空并不叫天空，脚下的大地也并不叫大地"。

这本册子后面的第七块黏土板上，还讲述了世界起源的故事。每个黏土本上，都讲述了许多有趣的事：被古人称做"放牧着的绵羊"和"七只公绵羊"的恒星和行星[2]的知识；太阳会经过的黄道星座；关于年、月、日的计算方法；关于天体和它们的大小；以及日食的预报等等。这里包含着参考书和名录，在这些名录里，人们可以找到国家、山川、海峡、庙宇的名字；这里还有字典、文选和关于文法的汇编书籍；这里甚至还有医药指南和最古老的地图，真可谓博大精深。大地在这里的地图上被画成圆形，圆形的外面罩着苦河，那就是海洋。在圆形大地的中央，是从山上流淌下来的幼发拉底河。这条河的两边画着世界上所有的国家，每个国家都用小圆圈来表示。

在这样的图书馆里，也有关于动物学的书籍。在这些书里，动物被分出不同的等级和种类。第一级是鸟类，第二级是鱼类，第三级则是四条腿的动物。在四条腿的动物当中，又分为狗、驴、牛三个大类。因为巴比伦人是在认识狗和驴之后才认识狮子和马的，所以，狮子后来被分在狗的一类，马则被分在驴那一类。

---

1 七曜指的是日、月和金、木、水、火、土五个行星。
2 这里所说的行星是包含太阳和月亮的，这是因为古代人认为太阳和月亮和其他五大行星一样，都在运动。

图书馆里还有很多数学书籍。此时的巴比伦人，不仅已经掌握了数学的四则运算，还掌握了乘方、开方和解二次方程；他们知道如何计算圆的周长和棱锥的体积；他们还可以算出 π 的值。它们的方法是用圆的周长除以它的直径，这个方法被后来的数学家广泛运用。不过，当时他们计算出来的 π 的值等于3，当然现在我们都知道这是不太准确的，现在我们计算出 π 是一个和3很接近的值——3.14。直到今天，我们还和古代巴比伦人一样，把一个圆分成360度，把一年分成12个月。因为天上有七颗行星[1]，所以巴比伦人把一周定为7天。随后，法国人给这7天分别起了名字，从星期一到星期日分别叫作：月曜日、火曜日、水曜日、木曜日、金曜日、土曜日和日曜日。直到今天，在英国，人们还是称星期六为土曜日。而在德国，人们把星期日叫日曜日，这是因为古代的闪米特人[2]，也就是巴比伦人就是这样称呼的。

我们的钟表有数字和分格，就是12个小时和60分钟，这种分法是巴比伦人的分法，他们就是这样分隔一天和一小时的。

从米利都人指引的科学，我们来到了巴比伦的庙宇——我们继续向前走，直到走到幼发拉底河旁的灌溉水渠，走到堤坝，走到世界上第一条高架水道，走到巴比伦商人的商行，走到巴比伦王宫的门口……

巴比伦的祭司们通常在庙宇中进行科学研究，那么他们为什么要研究科学呢？因为人们需要它。孩子们在学校中必须背诵赞美诗、咒语和那些关于神的传说，但是祭司们也会给他们讲解如何测量土地的面积，怎么书写文章，如何记账，还有如何根据星象来预测河水的汛期。当这些孩子长大之后，他们又会成为祭司。"祭司"和"文书"这两个词，在那些黏土册子上，是以同一种楔形文字符号表示的。祭司还要为国王服务，他们在国王的宫廷里或者在法庭和档案处担任文书。

巴比伦人并不把宗教和科学分开，在他们眼中，这两件事是一样的。可

---

1 当时人们把太阳和月亮也看作行星。
2 闪米特人，也叫闪族，指那些在西亚和北非说闪语的人。古代的闪米特人包括巴比伦人、亚述人、希伯来人、腓尼基人等。

以说巴比伦的每一个医生都会巫术，同样每一个天文学家也都是占星术士。

几千年过去了，现在很少有人对巴比伦的宗教十分了解，但巴比伦的科学却流传了下来，它们保留在钟表里、日历里、数学书里。巴比伦的科学看起来和我们现在的科学大相径庭，与现在的科学相比，巴比伦的科学是贫乏而狭隘的，但这并不是唯一的差别。让我们再仔细看看那些黏土板，这些砖块是扁平的，一点儿也没有书的样子，即便我们能够阅读它，我们也不能立刻明白它的意思，因为几千年前人们的思考方式和我们的也是很不一样的，所以仅仅掌握了把文字从一种语言翻译成另一种语言，在这里还是不够的，人们还要学会用另外一种方式思考。

从《埃努玛·埃利什》中我们可以读到：

> 从前，在我们头顶上的天空并不叫天空，我们脚下的大地也不叫大地，那时候万物的起始阿普苏、造物主姆姆和生下他的提阿马特把他们的水混合起来。那时没有田地，没有岛屿，甚至连神也没有产生，人都没有名字，命运也是未知的，就在这个时候，神诞生了……

再后面，我们可以读到阿普苏神和他的妻子提阿马特如何跟他们的儿子——马尔都克神进行战斗，最后马尔都克杀死了他的父亲阿普苏，而且把提阿马特也杀死了，用她的一半身体造出了天，另一半身体造出了地。

写这些故事的人的思考方式和我们现在的不同，他们把无垠的宇宙空间想象成诸神之父阿普苏。按照自己的习惯和信仰，他们认为水是从深渊中产生的，而且他们还把水想象成提阿马特。他们不会思考这一切是如何产生的，

▲ 马尔都克

为什么产生。他们只会考虑，这一切是从哪里来的？这一切是从什么样的父母那里诞生出来的？因为几千年来，是亲缘的绳索紧紧地维系着人们的关系，所以人类习惯地认为，世界上所有的东西都有亲缘关系，都是有父亲和母亲的。就连我们自己，现在不是也习惯管土地叫大地母亲吗？

这里是另一部分，讲到了日食。

假如在尼桑神的那个月[1]的1日，太阳黯淡了，阿卡得[2]的国王将会死去；假如1日那天，太阳暗淡了，可是日落的时候光又变亮，而且在同一个月份中还有月食，那就标志着国王将会在这一年中某个时间死去；假如在11日那天出现日食，将会有大批的野蛮人洗劫国土，国家会灭亡，而且会发生人吃人的惨剧；假如日食出现在塔木兹神那个月[3]的9号，那么伊什塔尔神会降恩惠给大地万物，他还会把真理送到大地上来……

当时的人已经知道，从一次日食到下一次日食，从一次月食到下一次月食，会间隔多长时间。在他们看来，日食和月食都是上天的征兆，每次日食或者月食的发生都预示着祸福。

巴比伦人为此积累了几个世纪的观察经验。

在他们的档案处和图书馆里，堆满了黏土板做的参考书，这些书中有很多知识，但那时，这些知识还没有完全和迷信区别开。古老的书卷里写满了咒语和驱邪符号，祭司总是先念一篇长长的咒语，叙述神创造天、天创造地、地创造河、河创造了渠、渠创造了淤泥、淤泥创造了虫子、虫子又钻进了人的牙缝。咒语的结尾，祭司向虫子说："让埃阿神的手把你打死吧。"最后，

---

1 尼桑神是犹太人的神，他主宰的那个月份是犹太寺历法的第一个月，犹太民历法的第7个月。

2 阿卡得国王是位于两河流域的奴隶制国家的国王，该国在公元前24世纪中叶建立，在公元前2200年灭亡。

3 塔木兹在巴比伦神话中是农业的神，他主宰的月份指的是犹太寺历法的第4个月，犹太民历法的第10个月。

他会把混合了莨菪的树脂涂在牙缝里。

我们一直试图探索科学的根源，此时已经到了这样一个时期，在这个时期，科学跟宗教和巫术还是紧密地交织着。如果我们不到巴比伦去，而是从米利都向另一个方向走到埃及去的话，也会发现同样的事情。在埃及，孩子们也会把学校里学到的测量田地的方法和文牍的范本抄写在宗教赞美诗的旁边。

▲ 泥板上的《埃努玛·埃利什》

在埃及，祭司和学者通常是同一个人。祭司沿着石头刻的台阶走到尼罗河边，视察河水的水位，然后在庙宇的墙上画上一道线，用来记录水位的高度。白天，祭司通过观察太阳钟[1]判断时间，在晚上，他会利用星星的位置来判断时间。

面对面的两个祭司坐在平整的屋顶上，他们岿然不动，直挺挺地坐在特定的地方。他们在身上挂上铅垂，为了不至于让身体偶然的晃动影响到观测结果。他们既是观察者，又是仪器本身。仪器必须精准，所以祭司就这样一动不动地坐在房顶上，观察着天狼星或者其他星慢慢靠近对面的祭司，起初还悬在头上，过会儿就靠近肩膀，后来又碰到耳朵了。依据这些位置，然后只要查一查表格，就可以说出现在是几点钟了。

埃及祭司在测量时间方面，都是极富经验的。他们还造出了水钟[2]，这种钟像个储水的容器，下面有个出水口，由流出多少水来判断时间。埃及的历法和我们的历法十分相像：一年分为12个月，一个月有30天，到年底再加

---

1 太阳钟就是日晷。
2 水钟指的是滴漏，靠观察水滴流量计算时间。

上5天，一年也有365天。

埃及祭司为什么要这么在意时间呢？仅仅是为了算准举行宗教仪式的日子吗？还是仅仅为了计算节日和举行游行的日子呢？都不是，他们靠准确的日期来预报尼罗河的涨水和退水。因为人们生活和劳动的需要，科学得到了成长和发展。

现在我们计算代数题的时候，常常用字母 x 来代表未知的数量。埃及祭司用"堆"来代替字母 x，从这一点，也说明了数学起源于土地上，而不是从天上来。在最早的算题中，x 代表一堆谷子，在人们测量过谷堆的高和底边之后，就能算出这堆谷子有多少谷粒。后来，一切未知数都用"堆"来表示了。当埃及人想描述天地的时候，他把田地画成神的样子：天的女神在高空，旁边闪烁着星星，中间是空气神，大地神躺在最下面。没有人能分辨出，宗教的终点在哪里，科学的起点又在哪里。

我们还可以从米利都出发，走第三条路，既不往东到巴比伦，也不往南到埃及，而是向西方，走回米利都人的家乡——希腊去。米利都人曾经从家乡带走过什么呢？他们带走了家乡的语言、信仰和风俗习惯。

在米利都，人们信仰的神和在希腊是同样的，他们唱相同的歌，据说这些歌的作者是古代的歌手荷马。唱这些歌时，我们还是停留在这样一个时期——宗教、诗歌和科学还没从共同的主干上分离，还没有分成三支。

《伊利亚特》和《奥德赛》讲故事给我们听，我们从中知道希腊人有什么知识，有什么技能，还从中知道希腊人信仰什么。

工艺和宗教难解难分，在荷马的那些诗歌里，这两者交织在一起。荷马讲述过制造武器的作坊，讲述过强健的铁匠如何用锤子给阿喀琉斯[1]制作盾牌，当然，这个铁匠也不是普通的铁匠，他是赫菲斯托斯[2]神。

1　阿喀琉斯是希腊神话里著名的英雄。在《伊利亚特》的故事中，他英勇善战，击毙了特洛伊的主将赫克托耳。

2　赫菲斯托斯是希腊神话中的神，他掌管着火，还能制造武器和各种金属制品。

在《奥德赛》里，包含了那个时期水手们的所有科学知识。荷马在《奥德赛》中精确地描述了大风暴，根据《奥德赛》里面的描述，可以绘制出一幅气象图，可以判断出这幅气象图里有什么气旋，是什么风刮翻了奥德修斯的帆船。但是，在荷马的眼里，那些风都不是一般的风，都是神。

那么，赫西俄德[1]的诗作又是什么样的呢？赫西俄德是个农民歌手，他住在彼俄提亚[2]一个叫作阿克拉的小村庄，那里是重峦叠嶂的山区。他不仅在国王和贵族的宴席上歌唱，还经常在村庄的晚会上放歌。

▲ 荷马和他的向导

据说，缪斯神的故乡就是赫西俄德的故乡。在这里，人们会在附近的赫立康山上举行自己跳舞大会。这里的农夫不仅能够用石头盖房子，还可以编写诗歌。在冬天，每当无事可做时，阿克拉的居民就会在阳光照耀下的暖和的小丘上集合。这时候赫西俄德会把一根好多节的木棒拿在手中，敲打地面，用优美的诗句讲述他所知道的一切事情。虽然他没学过七弦竖琴和三角竖琴，但他的故事却是那么流畅动听。

他说，当人们在地平线上看到昴星团[3]的时候，就应该是开始收割的时间了，当昴星团降到地平线之下的时候，就要开始耕种了。他告诉人们，什么

---

1 赫西俄德是古希腊诗人，他生活在约公元前8世纪，比荷马晚一些。《农作和日子》是他歌颂农业劳动，介绍农业知识的主要著作。他还写有长诗《神谱》，讲述希腊诸神之间的关系和斗争。

2 彼俄提亚位于古希腊东部。

3 昴星团也叫七姐妹星团，属于金牛座。

时候该放下黑弦船,运货物到海外去;他还告诉人们,在冬天的时候要在船边堆石头,免得船被海浪冲走;船桨应该挂在炉子上,因为那样使它干燥得更好。

在这些话题之后,他又讲述了神是如何出现的;光明和黑暗又为什么是由混沌的神生下来的;天和地是怎样结合,才生下了巨人、泰坦[1]和赛克洛普斯[2]们。

他还歌颂大自然的容貌,但是大自然包含的力量又都各自有不同的名字和神的容貌。从这些描述上,已经有了一些新发现的苗头了。在赫西俄德的作品中,神已经没有荷马所说的那么生动活泼了。他们还是各有各的名字:地、光、白天、北风、衰老、忧虑和欺骗。此时,人们越来越相信它们是一种力量和自然现象,已经很难相信它们是活的东西了。赫西俄德故事中的神有着相同的容貌,当他讲到每一个神时,总是用相同的语句来描述:"有美丽足踝的女神。"显然,此时的人们已经不能有效区别这些神了,这些神曾经在荷马的故事中是那么活灵活现。因为人们对自然界的认识越来越深刻了,所以神的面貌越来越模糊。

人们在不断地按照新方式来思考所遇到的问题。当农民们还在偏僻的彼俄提亚村子传唱赫西俄德的歌时,在喧闹的港口城市,人们开始讲述全新的勇敢的言语,并且那里已经响起了新的歌声。

让我们重新回到人口喧嚣的米利都交叉路口去。在这里,热闹的声音一刻也没有停歇。造船匠在港口用锤子不断地敲打着;市场上的驴子拉长声音在嘶鸣;装卸工在船边有规律地哼唱着,帮自己鼓劲来装卸货物。

碰上赶集的日子,广场上更是喧闹非凡,甚至有时候人们还会因为一些事情打起架来。这里有富有的商人、放高利贷的人、船主人,这里也有劳动工人、工匠、水手和搬运工。碰到双方打架的时候,那些喷着香水的花花公子可就

---

1 泰坦是希腊神话中天神乌拉纽斯和地神格伊阿所生的12个子女中的一个,也叫泰坦巨人。

2 赛克洛普斯是希腊神话中的独眼巨人,生性残暴,住在西方的山洞里。

遭了殃，就连他们漂亮的发型和美丽的紫色斗篷都不能幸免。

站在人们中间，你可以听到他们说着各种不同的方言，各种语言、风俗习惯和信仰在这里相遇、融合。我们可以听到，在一片吵闹声中，响起了竖笛声和吆喝声，这是腓尼基水手来了，他们在赞颂美美尔卡斯神。他们和着横笛跳舞，在地上打滚。在他们旁边，是正在拖他们的船上岸的希腊人，他们是从辽远的爱琴海上来的。他们燃起篝火，祭奠海神波塞冬[1]。

▲ 海神波塞冬

从前的人们，一生都不会离开故乡的土地，固执地守着父辈的信仰。但是海改变了人，也改变了神。当人在海上旅行的时候，他们还有什么没听过，还有什么没见过呢！于是那些关于神的传说变得自相矛盾了。埃塞俄比亚的神是黑皮肤和塌鼻子的，色雷斯[2]人的神却有着红头发和蓝眼睛。那么，为什么只承认希腊人的神是神呢？埃塞俄比亚和色雷斯人的神有什么不对呢？

米利都人都是做事业的人，他们是商人和航海家，他们见识很广，所以他们早就开始怀疑那些关于神和英雄的古老故事了。如果那些流浪歌手的话可信，那么所有的贵族就应该都是神的后代。如果真是这样，那么为什么当商人、织工、水手和搬运工在米利都向贵族闹事的时候，没有神来保护他们呢？

---

1 波塞冬是希腊神话里的海神，他手执三尖叉，经常骑着金鬃铜蹄的马车在海上巡游。

2 色雷斯是指古代巴尔干半岛东南部，从爱琴海到多瑙河之间的区域。

赫卡特[1]出生于米利都，他是一位勇敢的人，他爬上高山，探究洞穴。因为在青年时他曾经听说，有两个入口通往地底王国，一个位于北面累夫卡斯岩石旁边，一个位于南面的特那利角。赫卡特真的在特那利角找到一个深深的洞穴，于是他举起火把进洞探查。传说中有条叫克伯鲁斯[2]的3条狗守着地府的大门，这条狗长着蛇的尾巴。赫卡特勇敢地走进洞中，他不相信那个神话，他想在洞里一探究竟。他在洞里弯弯曲曲地摸索，他用火把打破了古代的迷信。

当赫卡特再回到人们中间时，他说除了蛇和蝙蝠，地下洞穴里什么也没有。他说，可能曾经有人遇上一条大蛇，而误认为那是妖怪的尾巴。就是这样，人没有用剑，而是用疑问打败了神话中的种种妖怪。

"希腊人的说法很矛盾，我认为他们很滑稽。"赫卡特开始在他自己的书中写下这些大胆的话语。不仅仅是赫卡特，当赫卡特还没有出世的时候，米利都就已经有人按着新的方式和想法思考了，他们就是希腊的泰勒斯和阿那克西曼德，他们是最早的学者。那么，他们说过些什么呢？

假如我们能够从头到尾认真地读他们的著作，那一切就会迎刃而解了。可是问题在于，这些著作大部分都遗失了，仅存的只有很少的一部分，其余什么也没有了。

所有古代科学的研究似乎都一样。研究者只能从后来的著作中，费力地搜寻着以前科学家的思想。而这些思想大都是经历了多种曲折被收集在别人的著作里的，可是这些著作中的思想往往已经不是科学家们自己原来的思想了，因为收集这些资料的人早已把自己的思想加入到了作品中。

古代异教徒和哲学家的思想，也会偶尔出现在中世纪僧侣的神学论文里。但是仅仅为了这个小小的栖身之所，这些异教徒和哲学家付出了多大的代价啊！那些僧侣们把这些思想放进自己的书里，目的是为了好好地申斥它们。如今我们面前只有一些古老的科学书籍的断片，就像那些被毁的建筑残垣一

1　赫卡特，是公元前6世纪古希腊的一名历史学家和探险家。
2　传说克伯鲁斯是有3个头和蛇尾巴的大狗，它守卫着地下王国，还负责抓住那些试图从地下逃走的灵魂。

样。我们费力地把这些碎砖瓦收集拼凑起来，想推测出这本书的原貌，想知道建筑里的柱子曾如何竖立，它们又支撑了怎样的屋顶。可是许多东西早已泯灭，只能靠人们的推测了。

当时的很多著作都被写在莎草纸卷上，莎草纸太不结实了，经历了25个世纪漫长的岁月，许多已经辨认不清了。不过，还是有些幸存下来，它们都留到了现在，它们的历史甚至比2500年还要长。

人的手有时候能够帮助时间进行破坏工作。早期希腊的科学家，把大胆的崭新的想法带入世界，他们的作品中，每一行、每个字都挑衅着古老的信仰。旧思想经过斗争而不退却，他们收买新书并焚毁它们，因为这些新书妨害了他们的利益。我们现在可以从残存的书中，了解到第一位希腊科学家一星半点的事情，我们知道，他叫泰勒斯，大概是个腓尼基人，人们把他列为古代七贤中的一位。泰勒斯本人的声音虽然没能留到现在，但我们却听到了那些和他辩论的人的话语。这些辩论流传到了现在，不但如此，而且还有一些传说故事和奇闻异事也留到了现在。

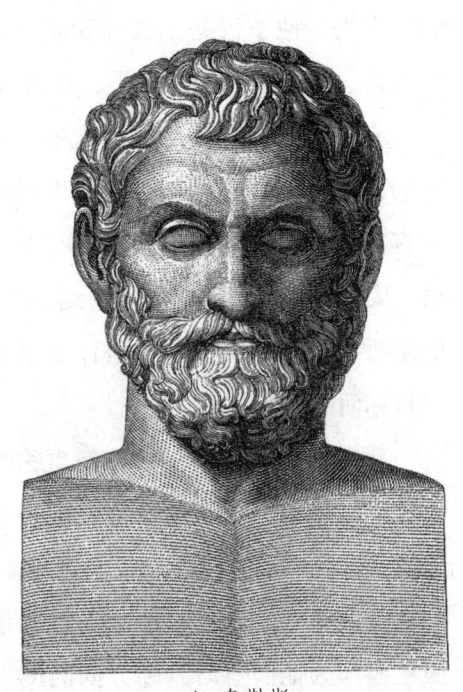

▲ 泰勒斯

许多科学家在日常生活中是非常心不在焉的，第一件轶事就是关于泰斯勒本人的。人们不理解他为什么要观星象，他们把这当作笑话来讲，说泰斯勒有一次看星星看得入了神，竟然掉到了井里。就因为这件事，色雷斯的《女奴训诫》里面有了这样一句话："那些想知道天上有什么的人，却没看清自己的脚下有什么。"瞧，这些轶事流传了这么久了。

古时候，人们认为商人应该做的是生意上的事，奴隶、工匠和农夫就应该劳动做工，而科学家是不应该做那些研究之类的事的。因此，人们描述泰勒斯、德谟克利特[1]、阿基米德[2]和其他科学家的时候，都说他们是心不在焉、脱离现实的一群人。

可正是因为泰勒斯研究了周围的世界，才让他自己成了科学家。他并非不能看清自己脚下的地。相反，他不仅可以在陆地上自由地行走，还能航行到海上去。他不仅是工程师和航海家，而且还是商人，他曾经用船把盐运到埃及去，还曾经建造过桥梁，开凿过运河。

有一次，泰勒斯成功地观察气候，而且还预测了橄榄的丰收。他用他所有的钱当定金，从油坊主人那里租借了一个油坊。后来橄榄获得了大丰收，所有人都抢着来油坊榨油，此时泰勒斯定什么价格，人们就只好给他什么价格。从这个故事中我们可以看到，"泰勒斯用这个机会，赚了很多钱。这说明，如果哲学家想发财，并不是什么难事，只不过哲学家们并不把发财当作自己的目标而已"。

泰勒斯到底发明了哪些新事物呢？让我们把关于他的事情都放在一起来研究吧。据说，是泰勒斯首先把一年分为四季，他还把一年分成365天。因为他常常到埃及去，所以我们猜测，这些知识可能是他从埃及得来的。

他辨认出了小熊星座。不过在他之前，腓尼基的水手们早已经可以用小熊星座作为他们航海判断方向的助手了。他通过计算得出了太阳的直径是周天的1/720。可是巴比伦的祭司早就知道这个数据了，那么这个数值可能就是从巴比伦传到米利都来的，因为米利都正是位于一个交叉路口上。

泰勒斯还预言了日食，但巴比伦人也早就会做这件事了。泰勒斯是希腊人中第一个研究几何学的。他还想到用测量影子的方法测量金字塔的高度，但不可否认的是，几何学最早是埃及人研究出来的，泰勒斯只不过把他带回

1　德谟克利特（前460～前370年），是原子说的创始人，是古希腊的唯物主义哲学家。
2　阿基米德（前287～前212年）著名的古希腊学者，生于希腊的叙拉古，曾发现经典的杠杆定律和浮力原理。

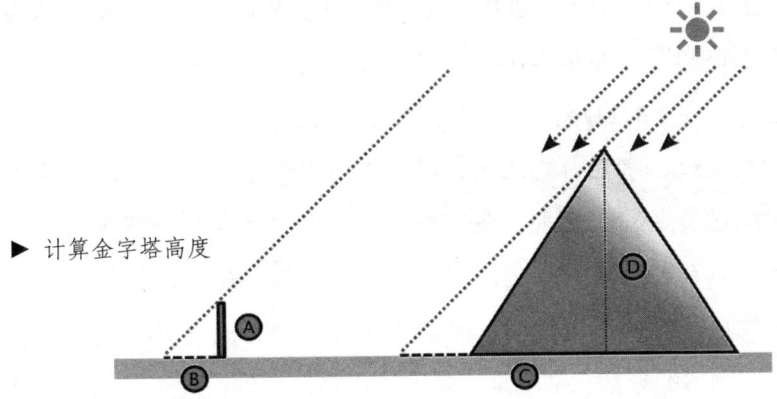

▶ 计算金字塔高度

了希腊而已。

泰勒斯还宣称，大地像一个圆形的木筏，它是漂浮在水面上的。水会把大地摇晃，也会从下面冲击它，这就是地震的原因。不过这种说法，之前巴比伦人也说过，他们认为，大地是平放在水面上的。

泰勒斯认为，水是万物之母。这种说法之前巴比伦的祭司也表达过，他们说是母亲提阿马特生出了世界，提阿马特的意思就是深渊。而且埃及的祭司也说过，世界的最初是长老努恩，努恩指的就是水。

那么，究竟有什么全新的是泰勒斯的成就呢？他的成就就是收集和整理。他收集了几个世纪以来埃及、巴比伦和腓尼基积累起来的思想和知识，并把它们带回了自己的祖国。泰勒斯做了这些已经够多的了，可他还做了更多的事——他不仅收集整理了别人的知识，而且还用这些知识和新方法去观察事物，这正是他的功劳。

在女神提阿马特的地方，泰勒斯看到了水。在无底深渊的神阿普苏的地方，泰勒斯看见了空间。在巴比伦人画神的时候，泰勒斯看到了天与地。

泰斯勒在埃及曾经向祭司学习，不过他是个特别的学生，他的学习不是简单地全部接受，他会按照自己的想法来领会别人教给他的东西。太阳在他眼中，不再是神了。他说，太阳是"土做的"，组成太阳的材料和地球一样。月亮也是土做的，月食发生的原因是它和太阳的位置正好成了一条直线。

这似乎只是一个小小的进步，只是把"谁"改成了"什么"，他没有问"世界是由谁创造的"，而是提出"世界是由什么组成的"，正是这个小小的修正让他走上了科学的道路，让他离宗教越来越远。

泰勒斯说过，水是万物之始，世界是由水产生出来的。因为泰勒斯是航海家，他接触最多的就是水，在他看来，就连大地也是一直在水上摇晃着的小船。为什么泰勒斯认为水是万物之本呢？因为他在大自然中寻找什么是构成万物的物质，寻遍所以物质，除了水之外，没有比它更合适的物质。水可以适应任何物体的形状，是不是正是因为水是流动的，世间才充满了运动呢？水让万物生长，如果没有水，世界上就没有了生命。

万物都是由水这种物质产生，万物又都归于这种物质的。世界上的物质不能凭空创造，也不能凭空消灭。物质处在不断改变中，但它不是从虚无中创造出来的，也不能被任何东西消灭掉。

我们已经知道了科学最早的一句话，现在又惊奇地发现了它要说的最后一句话。现在我们也可以断言：物质不生也不灭。

但是，从最初的这个关于物质的说法，到我们现在的科学理论还差得很远。如今又有谁还会认为物质就是水呢？在我们现在看来，泰勒斯的议论是天真幼稚的。他的论断还有诸多不科学的地方，他以为"世界上到处是神、魔鬼和幽灵"，他还以为磁石有灵魂，所以能吸引铁的东西。

即使泰勒斯这样的人，也不能把对神的信仰完全摒弃掉。但是他的学说毕竟狠狠地打击了那个时代的信仰，人们不再像以往那样认为贵族的统治是神圣不可侵犯的。

我们知道，泰勒斯代表着一类新的人，他们出身于商人和航海家，他们不把神明当作祖先，他们不再盲目信奉神，他们拥有自己的奴隶和自己做生意赚来的钱。这类新人证明，贵族的后裔和普通的水手，出身没有什么不同。世界不是由神创造的，万物都是由同一种物质而生成。和大海里的每一滴水都是相同的一样，每个国家里的所有公民都是平等的。

把阻碍科学的围墙移开

科学不是一蹴而就的,它是日积月累发展起来的。不久之后,它就觉得以前的世界太狭窄了,老旧的围墙使它感到窒息,于是它用自己的双手使劲地推着围墙,想把围墙移开。

许多世纪以来,大家都以为天空就像扣着的大碗一样,笼罩着大地。现在天空开始升高,它慢慢地远离奥林匹斯山的雪峰,它升得越来越高了。大地悬在空中,人们的脚下也是天,所以那里再也没有任何空间留给黑暗的地下王国了。

天的外围不断向外扩散,不久之后,围墙消失了,整个天地变得宽广无限。在这无限的空间里,大地自由地漂浮着。这是在25个世纪以前出现的第一本科学书籍里,人们看到的作者这样描述的世界。这本书的作者是泰勒斯和他的学生阿那克西曼德共同创作的。

阿那克西曼德比他的老师走得更远。泰勒斯只是把大地想象成在大海中漂浮着的木船,而阿那克西曼德却没有给大地任何支撑,他认为大地是在空中悬浮的。当然此时,他还不知道大地是个球体,他以为它是一段有厚度的圆柱体,但是这是一个悬浮在半空的圆柱体。

空间是无限的。虽

▲ 古希腊时期的哲学家们

然对这一点我们很难描述。直到今天，我们还是说天空是苍天，是穹隆，就像把天空比喻成我们头上的屋顶一样。在 2500 年前，人们就是这样说，这样想和这样认为的。所以要推翻这个看法，对那个时代的人们说：世界是无边的，不论是空间还是时间，世界都是没有边界的。要说出这些话需要多大的勇气啊！

宇宙没有边界，没有始终，如今我们已经接受了这个观点。但是在阿那克西曼德同时代的那些人看来，他们觉得自己离神创造世界的时期也仅仅是几个世纪以前的事。即使在著名旅行家赫卡特看来，他和他的神明祖先之间，也只间隔了 15 代而已。

6 个世纪之前，是神话时期。那时候，是神在统治地球，还没有凡人孩子被生下来。

阿那克西曼德也同时在回顾过去，但他看得更深更远一些。在他看来，不是神创造了人，而是动物产生了人。人类发展的道路不是从上到下，而是从下而上，不是从神到人，而是从动物到人。"最初人和鱼很相似。"他说，"最初的动物来自水中，他们身上长满了鳞片。当他们来到陆地上后，鳞片渐渐消失了，他们的身体形态逐渐改变，生活方式也随之改变了。"

但是人们又开始想，水和陆地是从哪里来的呢？大地又是怎么产生的呢？阿那克西曼德专注地眺望远方，他在寻找着答案。在他面前，时间的围墙渐渐向远方退却，退回了远古时代……此时地面上没有人，甚至连陆地都不存在了。那时候有些什么呢？那时候有"无限"——万物的根基。

在无限的空间中，有无限的物质。物质不是静止的，它在时刻不停地运动着。从物质中产生出世界。一个分解为两个，冷从热中来，陆地从水中来。世界的外面包围着一个火球，这个火球又分裂出许多圆环，天体就从这些圆环中产生，世界就是这样产生的，一些世界产生的时候，同时另一些世界在毁灭。

自然界的创造力是无穷的，它永不停歇，永不停顿。他的老师泰勒斯曾经认为，水是万物的开始。但是，阿那克西曼德在这一点上并不认同老师的看法。"不是的，水不是万物的基础，水不是无限的，海洋也有岸边。只有物质的大洋是无边无际的，时间的大洋是无边无际的。"他环视周围，冥思苦想：究竟有没有永存的东西呢？人们获得生命，又失去生命；一个王国建立了又灭亡了；万物开始了又终止了。在这中间，只有一样东西是永存的：那就是运动，运动没有开始，也没有结束。

不过，这个最早的科学推测离真正完全正确的论断还是差得很远。科学的推测像闪电一样发出耀眼的光芒，可惜这束光芒很快就熄灭了，甚至还没来得及照亮世界。即使阿那克西曼德最优秀的学生，想凝视那无限的空间，寻找新的发现时也会感到头昏眼花。于是，他们匆忙地立起了一些新的围墙，来替代原来损毁的那些古老的围墙。此时，在地球的周围，那个巨大坚硬的透明的球——苍穹——又开始放光了。

恒星像金色的钉子一样钉在天球上。天球是一顶圆帽子，围着地球飞转着。太阳、月亮和行星在地球和天空之间像树叶般飞舞着，这就是阿那克西米尼——阿那克西曼德的学生所设想的宇宙。这是一种倒退，但也不是全部的倒退。地球又重新被它的外壳——天空所覆盖，但这个外壳并不是紧贴着地球的，它和地球之间有很长一段距离。

然而在另外一些问题上，阿那克西米尼比他的老师走得要远。阿那克西曼德没有区别恒星和行星，而阿那克西米尼已经认识到，恒星和行星是不同的。行星离地球比较近，它们在空中游荡；而恒星离我们

▲ 阿那克西米尼

比较远，也正是因为恒星离我们太远了，所以它们发出的光不能使人感到温暖。

阿那克西米尼经常凝视天空，他在想云是怎么形成的。如果太阳光不能穿透乌黑的云，那么彩虹又是如何形成的。他倾听风的声音，他在考虑那些比鸟飞行的速度还要快许多的风是怎么来的。他在思考着：究竟什么东西才是产生万物的第一种物质？不是水，因为水会把火浇灭，而且水有岸的阻隔。那么这种神秘的物质应该是能够充满整个世界的，这种物质究竟是什么呢？会是一种叫作无限的东西吗？可什么是无限呢？连他自己也不能确定问题的答案。

青出于蓝而胜于蓝。作为学生，他比老师走得更远。他苦苦地在自然界中寻找那种神秘的物质，一种可以充满整个世界的，可以充当万物始基的物质。难道是空气？当空气凝结的时候，就形成了云；当它们凝固得更紧密的时候，就会下雨；有的时候温度低，雨点变成了冰，就会下冰雹；假如云本身结冰了，那就形成了雪。阿那克西米尼想，是不是空气再紧缩一些，就会形成土，甚至变成石头，然后土里长出树木，生出动物？于是，他得出这样一个结论：空气是万物的始基，万物最终归为空气，因为水会升起成雾，树木会燃化成烟。

空气中有很多微粒，它们有时聚在一起，有时又分散得很远。这些微粒的运动产生了地球、太阳和恒星。这种运动是永恒的，因此整个世界处于永不停歇的变化之中。科学家第一次探索到了物质的深处。不久之前，人们还认为沙粒是世界上最小的物质。而现在，阿那克西米尼判断出世界上还有一种极小的、肉眼看不见的微粒存在着，它比沙粒要小得多。

又一堵古老的墙倒塌了，露出了原来被埋藏着的小小的世界。此时，人们重新走进小世界，目的是在那里找到进入宇宙大世界的钥匙。阿那克西米尼想用肉眼看不见的、存在于空气中的、极小的微粒运动去解释广大世界是如何产生的，尽管这个解释是不正确的，但从这时起，人类已经走上了通往原子学说的道路。

第03章
传播科学的思想

斗争越来越激烈了。不管是城市的石头墙，还是古代的信仰，都先后化成了废墟，原始氏族制度和新的奴隶制度之间的斗争越来越深入，所有歌手们的诗歌和所有的数学定理，都参与了斗争。圆规也可以当作武器，而且和刀剑一样锋利。

崭新的歌曲开始传唱

在科学面前一个崭新的世界逐渐展开，科学贪婪地审视着它。科学认为这周围的一切都是新的。瞧，太阳这个炙热的天体在早晨缓缓升起，它已不再是乘着战车在天空中飞驰的神。还有虹，在太阳光中幻化成紫红色的云彩，它也并不是穿着彩衣的女神。

▲ 青春女神赫柏

天堂的轮廓像雾一样逐渐消散了，以前，诸多的神曾经住在那里。曾经，那些地方是诸神开宴席的地方；是青春女神赫柏[1]向金碗中注入醇厚美酒的地方；是矗立着那些永久覆盖着白雪的奥林匹斯山的地方；歌手们吟唱着妖怪和英雄的故事，逐渐走向神话的国度。

青年们已经开始对枯燥的《神谱》感到厌烦，他们开始嘲笑博学的赫西俄德。人们甚至开始怀疑荷马所说的那些关于穷人和富人的故事，这些故事已经不能得到人们的尊敬了。此时此刻，距离赫西俄德的时代，已经过去了100年。至于荷马的诗歌，离现在更是遥不可及了。从这个时期起，一切都改变了。

---

1 青春女神赫柏是希腊神话中的神，她在奥林匹斯山侍候诸神，给他们斟酒。

荷马歌颂领袖，他称他们是宙斯[1]神的后裔，他认为身份低微的人很卑贱。可如今，到处可以看到，一些原来身份低微的人发了财，变成了富人，他们在到处推翻贵族的势力。

新的时代正在来临，世界需要新的诗歌……

色诺芬尼[2]是个歌手，他流浪在希腊的大街小巷。他很穷，他仅有的财产就是一只有11根弦的三角竖琴和一个替他背着行李的老奴隶。这个奴隶其实更像是一个忠实的旅伴或者朋友。他们俩一起，一步一步向前走，他们用脚测量了整个希腊。冬天他们在一起忍受严寒，夏天他们在一起抵抗酷暑。12月的冷雨拍打在他们的脸上，并不区分谁是奴隶，谁是主人。

每当他们走进一个小集市时，他们就会被那里的人们团团围住。那些比较富裕的人，还会请他们到家里做客，因为每个人都想听听流浪歌手会唱些什么。这之后又发生了什么呢？我们不必猜测，因为色诺芬尼的诗歌一直流传到了现在。色诺芬尼在他自己的诗歌里，向我们讲述了这些故事："在冬天里，那些烤着熊熊燃烧的火炉，喝着甜酒，吃着胡桃，吃饱穿暖的人躺在柔软的床上发问：'你来自哪里？是什么人？你已经多少岁了？啊，我的朋友，当你第一次碰到米堤亚[3]人的

▲ 色诺芬尼

1　宙斯是希腊神话里最著名的神之一，是众神之主。
2　色诺芬尼是（公元前565～前473年）古希腊的著名诗人，哲学家。
3　米堤亚是位于亚洲西部的一个古国，大约在公元前8世纪建立。公元前605年，米堤亚把亚述帝国灭亡了，之后在它盛极时期，又去进攻小亚细亚。公元前550年，被波斯国所灭。

时候，你又是多大呢？'歌手回答他说：'我带着自己的歌东奔西走，在希腊游荡，已经这样度过了六七十年。刚开始的时候，我才只有25岁多一点啊。'"主人请歌手坐到筵席前，请他挂起自己的竖琴。这时，女奴端来洗手水请客人洗手，让他吃面包，又在他面前的杯子里斟满美酒。歌手吃饱喝足，拿起自己的竖琴，开始歌唱。于是，我们又听见了这古老的歌声。"地板已经被擦干净，客人的手和酒杯也干净了。人们带着编织精美的花冠，碗中的酒散发着芬芳的香气，壶中盛满香醇的美酒。泥壶里有足够的酒，供人们畅饮，那些酒真是可口啊！和花一样让人喜爱，甘醇的香气飘散在我们中间。看吧，这里还有清澈的水呢！又清凉、又甘甜，面包是琥珀色的，桌子上几乎不堪重负地摆满了干酪和蜂蜜。屋子最中间位置是摆放着鲜花的祭坛，这里充满了歌声、舞蹈和欢笑。

"首先，聚在一起的人们必须在自己欢快畅饮之前敬神，用虔诚的语言来表示对神的尊敬。祭过酒之后，人们祈求神赐予力量，让他们欢快地度过宴会。这一点很重要，祈求神不让大家喝得太多，使每一个年轻人都可以在宴会之后不依靠奴隶的搀扶就能自己走回家。那些饮酒的时候还能保持头脑清醒、说话体面的人会得到大家的称赞。

"那些狂暴和纷争的故事，不会得到我们的歌颂，在那些故事里，没有什么好事情。我们不去重复讲述那些祖先虚构的故事，不去回忆泰坦巨人和肯托洛伊[1]的战斗……"

色诺芬尼在饮酒的时候，都说过些什么呢？他不像别的歌手那样，只会千篇一律地重复荷马和赫西俄德的歌，色诺芬尼经常嘲笑这两个诗人——荷马和赫西俄德。"他们把人类的罪恶都强加给了神，他们把神的所作所为讲给我们听，他们说神无法无天，他们还说神去偷盗和互相欺骗。"

人们听到这位白胡子歌手的歌，都十分惊奇。莫非这个白胡子的老人不

---

1 肯托洛伊是希腊神话中一种半人半马的怪物，他居住在山中，性格凶猛，喜欢和人决斗。

怕神么？他接下来的话让人们放下了心。"对于神，我们应该尊敬，"他说，"但神究竟是什么呢？他们是同凡人一样被生下来的吗？他们和我们一样穿着衣服，说着同样的话吗？他们和我们的身体一样吗？如果非要说神是在某个时候诞生的，这不诚实。我们知道，神不是永生的，他们在诞生之前是不存在的。你们以为神和人的摸样一样吗？如果牛或者马有手，而且他们也会画画的话，它们也会按照自己的形象描绘它们的神，那么也就会出现像马的神或者像牛的神。"

色诺芬尼唱道："不用说以前，就是今后也不会有认识神的人。即使那些能够说出真理的人，他们也说不出关于神的这一切。关于这种观点，不可能是知识，只能是意见。神从最初起，就不可能把一切都暴露在凡人面前，人们只能自己慢慢地去探索、去寻找真理。"

色诺芬尼弹着竖琴唱道："人类最大的唯一的神，不论是从肉体还是精神上看，都不像凡人。他看见一切、他想到一切、他听到一切、他统治世界的一切。他一直矗立在他自己的处所，从没移动过，因为他不能从一个地方转移到另一个地方去。"

色诺芬尼所歌颂的神，不同于以往所说的神，这是一个全新的神，他像大自然一样永生；这个神也是无限的，就跟空间一样是无限的；这个神又和大自然一样是唯一的。我们可以这么说，神是万物、是所有、是整个宇宙。

万物不停地变化。人们把天上的云叫作天体，那些天体燃烧后又熄灭了；土地上的生物出现又消失；风和乌云来自大海，化成雨之后降落到地面，又沿着河流回到大海。因为在流回大海的途中，它们从土地中带走盐分，所以海水是咸的。陆地随着地壳运动，慢慢地和大海分开。这就是为什么直到今天，我们还常常可以从山顶上找到贝壳，在采石坑里面找到鱼类的痕迹的原因。在这之后，陆地又重新沉入海中，整个地上的生物遭受了灭顶之灾。

传播科学的思想

一切都在变，只有宇宙不变，宇宙是唯一不生也不灭的……

色诺芬尼就是这样，在五颜六色、变幻无穷的世界里，寻找那个永恒不变的基础。色诺芬尼和他的老仆人在第二天才离开那个给予他们殷勤款待的地方。老仆人非常高兴，因为他背上背的东西里多了很多当地人送的礼物。色诺芬尼也很满意，因为那些人是带着尊敬的神情认真地听他讲述，就像爱学的学生渴望老师上课的讲述一样。

可是色诺芬尼和他的老仆人也并不是总能遇到这样好的情况。有些人并不喜欢听老歌手对荷马、赫西俄德和其他英雄们的嘲笑。有时候，听故事的人自认为是神的高贵的后裔。假如他们听到流浪歌手用讽刺的言语冒犯他们的祖先，那么这个歌手就要倒霉了。色诺芬尼恨透了这些傲慢的贵族，这些人到处显摆自己贵重的戒指和他们梳得整整齐齐的头发。这些贵族经常在盛满甜酒的罐子前或者在烧得热乎乎的火炉前，嘲笑这位贫苦的老歌手，嘲笑他的一贫如洗。他们对色诺芬尼说："至少荷马和他的故事养活了千千万万的歌手，可是你连一个你自己的奴隶都养活不起。"可是，如今的歌手如此贫困，不正是这些贵族们所造成的吗？人们宁可用国家的钱去养活一个拳击手，可他们却不愿意花钱去养活那些具有智慧的诗人……

色诺芬尼沿着山间的小路走向远方，他从山上往下望去，看到人们的房子，从人们的事业想到人们的欲望，这些在他的眼里显得是那么的渺小，他们又是身处在多么渺小的世界里啊！

天空高悬在山的上方，笼罩着整个世界。山越高，站在山上的人看得越远。色诺芬尼失去了父辈的土地，也没有了父辈的信仰。米堤亚人和波斯人已经入侵了他的国家，那些人正主宰着他的国家，色诺芬尼见不到自己的亲人和朋友了，他所拥有的只是以后无尽的流浪岁月。但是，当他看到他周围包罗一切、无所不在的大自然时，他的心情舒畅了。大自然是永恒的，它从不衰老，也不会死亡。

科学能够被拉拢吗

要打破堡垒似的坚固的城墙,就要用重锤击打它,同样,古老的信仰也会在新思想的冲击下破灭。在那些城墙的缺口处,露出了新的世界。这个崭新的世界和人们曾经经历的那个世界是完全不同的。

现在,有些人想拉拢科学,用科学去维护他们头脑中的旧思想……

事情就发生在一个名叫萨摩斯的小岛上。这个岛离米利都很近,在这里,人们早就不那么崇敬神了。萨摩斯岛的居民有了新的神——金子和银子的圆片,他们崇敬这种东西,因为用它可以换回自己想要的任何东西。这些东西在不久之前对于人们来说还是那样的陌生。以前,通用的是巴比伦人的塔兰特[1],这种两普特[2]重的金银锭非常沉重,他们常年放在一个主人那里。

现在,吕底亚的小商贩们开始通用一种小小的圆形货币了,它在不同的人手中流通,今天到了这个人的手中,明天又到了另一个人的口袋。谁拥有了更多的这种小货币,谁就不用再把自己的希望寄托在神明身上了,因为金钱会带给他希望得到的一切。就拿那个波利克拉特来说吧,他没有亲人也没有后代。他的富裕是从零开始的,他从很小的事情

▲ 西方最早的银币

---
1 塔兰特是古代巴比伦、希腊等地的货币和重量单位。
2 普特,是一种重量单位,约合16.38千克,前苏联用。

做起，先开了一个家具制造作坊。在这个作坊里，20来个奴隶每天从早到晚一刻不停地制造贵重的家具，这些是富人和贵族们用的豪华床。波利克拉特的生意很兴隆，这时发光的货币很快从贵族细嫩的手里转移到家具铺老板粗糙的手中。老板并不让这些钱闲着，他用做家具赚来的钱来造船，还雇了很多大胆的伙计，这些粗暴的伙计从一个岛驶向另一个岛，他们更加热心掠夺，他们杀死当地的男人，抢夺妇女和小孩，并把当地黄灿灿的金子和贵重的丝织品装满自己的船运回来。

波利克拉特[1]真的富有起来了，金银货币从四面八方向他涌来。他可以用它们买到一切，他越来越多的欲望也逐渐被满足，最终他最大的欲望也被满足了——他统治了他本国的人。船主们也对此感到满意，因为是他们的自己人当了头头。

而以往的贵族们却对此非常不满，他们不能忍受这个暴发户竟然自己盖了如此华丽的宫殿。难道神也会庇护这种人吗？不，他的好运气是不会长久的，这些贵族们私下里传说着，神已经向人们发出了要惩罚的征兆。波利克拉特为了化解命运对他的嫉妒，把自己贵重的宝石戒指扔进了海里。但慷慨的大海虽然赠予了他诸多的财富，却不愿接受他一丁点儿的礼物。宝石戒指被一条大鱼吞进肚子里，而这条鱼又恰巧被渔夫捕到，送回了他的宫殿。

诸神在奥林匹斯山上什么都知道，他们对世间的一切都看得清清楚楚。他们不愿自己的后裔过着被人轻视的可怜的生活，而那些平民却轻易得到了财富和地位。

但另有一些人，听了这些只有苦笑。他们想，奥林匹斯山上的神在哪里呢？旧的信仰已经动摇，已经没什么可以指望了。英雄的后裔们再也不具备以前的气概了，他们听到僭主[2]的名字，也会吓得瑟瑟发抖。他们已经被新的、腐蚀一切的情绪感染了，他们忘记了好与坏的根本区别。究竟还可以向谁问路，

---

1 波利克拉特是公元前6世纪前半叶统治萨摩斯的僭主。

2 僭主是指那些用武力夺取了政权，又建立个人统治的人。公元前7世纪~前6世纪，那时正是希腊各城邦的形成时期，大量出现过僭主这种政权形式。

向谁求助呢?

人们悄悄议论着,彼此通报着信息。他们说,有一位圣人,将给人们指明生路,但是人们必须先经受一场长久艰难的考验,才能得到指点。这需要大家放弃自己的理智和意志,学会顺从,学会沉默,人不能判别什么对自己有益,只有至上的神、半人半神和英雄们才懂得这一点。

智者毕达哥拉斯[1]就是一个介于人和神之间的生物。人们认为他的父亲是石头雕刻家尼萨尔赫,但这并不正确,实际上他的父亲是赫耳墨斯神[2],或者是阿波罗[3]。传说有一次,人们在戏院里看到毕达哥拉斯的斗篷被一阵风吹起时,他的大腿露出来的地方是金色的。毕达哥拉斯能够制造奇迹,他能和神对话,他还时常走进地府并且又好端端地出来,和古代歌手俄耳甫斯[4]一样。

▲ 毕达哥拉斯

贵族人家的青年常常去找毕达哥拉斯,谁都不知道他们谈了些什么,但是关于贵族和毕达哥拉斯谈话的消息却被传到了波利克拉特的耳朵里,他命令手下去专门刺探这个新来的半人半神的家伙,他担心他们的谈话蕴含着某些阴谋。

毕达哥拉斯最后离开了萨摩斯,那些崇拜他的人说,他留下这样的话:"暴

---

1 毕达哥拉斯(前580~前500),是古希腊数学家和唯心主义哲学家。
2 赫耳墨斯是希腊神话里众神的使者。
3 在希腊神话里,阿波罗是太阳神。
4 俄耳甫斯是歌手和诗人,善于演奏竖琴。在希腊神话中,他在妻子死后追到地府,用琴声感动了冥后,允许他把妻子带回人间。但是在回人间的路上,他忘记了与冥后的约定,回头看了一眼妻子,于是他的妻子重新坠入了地府。

▲ 毕达哥拉斯拨琴弦

政已经愈演愈烈,一个自由的人无法忍受这种监视和暴虐。"

毕达哥拉斯失踪了。据说,他到了埃及和巴比伦一些未开化的地区,在那里,祭司们把他们的秘密告诉了他。最后,他到了意大利海边的克罗顿[1]城里,并在那里住下了。在克罗顿,争执的天平还在上下摆动着,同希腊城市里进行的争执一样,这里的斗争也在持续进行着——谁说了算呢?富商还是贵族的后裔?

贵族中间出现了一个领袖,这是在奥林匹斯竞技中获胜的著名的迈龙[2]。他长得很像赫拉克勒斯[3]。在斗技场上,当他手拿大棒,身披狮皮出现的时候,敌人们都被吓得丢盔弃甲。但迈龙不是一个哲人,他不懂哲学,只懂拳头。

1　克罗顿位于意大利南部沿海,就是现在的克罗托内。
2　迈龙也叫迈罗,主要生活在公元前6世纪后期。他在公元前510年曾经率领克罗顿人打败了西巴利斯人。
3　赫拉克勒斯是希腊神话里最伟大的英雄,勇猛无敌,他曾经完成了12项英雄业绩。

克罗顿的贵族们认为迈龙是他们的领袖,但他们还缺一位老师。就在这时候,毕达哥拉斯出现了,他召集青年们,和他们谈话。他说:"请你们虔诚地、安静地倾听我的话,你们看看周围,看看世界,到处都是严明的秩序,一切都由和谐、尺度和数量在支配着,连声音都不例外。"毕达哥拉斯把琴弦拉紧又松开,这样,琴弦的声音受他的支配,像在阶梯上上下下一样,演奏出高低不同的声音。在过去只有音乐家敏感的耳朵才能听出音乐的高低不同,如今这个秘密被发现了,那就是声音之所以有高低不同,原来是因为它也是受大小不同的数支配的。

毕达哥拉斯在沙子上画出了三角形。因为数也统治着图形的世界。是数、线和面把世界上的万物分别开来,它们给了物体以形状,在混沌中产生秩序。比如三小段线段,就可以在原来什么都没有的空间中,限定出一个三角形来。

▼ 毕达哥拉斯地上画三角

毕达哥拉斯在夜晚指点天空给学生们看："那里也是数、尺度和节奏在统治着的世界。看起来杂乱无章的天体其实并不是毫无秩序的，它们有自己一定的升起和降落的时间规律，它们走着一定的轨道。如同祭坛一样，世界的中间有一团火，能够照亮一切。火的周围有个透明的球，球上有月亮、太阳、行星和恒星。地球也受这个规律支配，它不是静止不动的，它用统一的、严谨的、有节奏的步伐跳着围绕世界之火的舞蹈。"

恒星慢慢绕着圈走，每颗恒星都有自己的一种声音，宇宙好像一张大的十弦琴，每一颗恒星都沿着自己的琴弦在歌唱。

任何东西都有严整的秩序，一切都由数来支配。一、三、四和十，这是一些神圣的数字。一是数字中的第一个，三代表起始，中间和终结，十是计算的基础，是最完整的一个数字，如果你用一加二加三再加四，就能得到十，所以四是凑成十的一个数。

毕达哥拉斯为他自己的这一发现而惊奇，他由此领悟到了许多东西。他认为自己发现了一切，他知道了用数可以测量一切，于是他认为数就是一切，数是世界的起始和本质。他的学生们惊喜地津津有味地听他讲授，他们很相信自己的老师。老师已经找到了打开声音、形状和天体秘密的钥匙，是不是他也同样接近了世界上的其他秘密呢？是的，他正在接近真相。数是钥匙，它能开启幸福和不幸之门，也能开启失败和成功之门。有代表幸福的数字，也有代表不幸的数字。

世界处处都是受数、尺度、和谐的支配，神规定了不变的、严谨的秩序。连恒星都受这种规则的支配，何况是人呢？如果在一个城市中，是一团糟，是由暴民的任性来决定事情，人们不遵守古代的制度，不尊重贵族，不尊敬神所创立的规章和秩序，那真是太可悲了。毕达哥拉斯经常这样和学生们说，把他研究的奥秘告诉他们。这不再是谁也不相信的旧神话，而是用新科学去保卫旧神。

毕达哥拉斯的学生越来越多。他们组成了一个组织，每天研究学习体育、数学和音乐。他们认为体育代表人身体的节奏，如果身体没有节奏，那么精神也就没有了秩序。音乐要求人具有崇高的和谐，而数学则是纯正的科学，他能纯净人的精神。毕达哥拉斯的科学中有一半属于宗教，他们学派的人有自己的秘密仪式。他们有许多自己的规则、限制和戒律，外人很难明白这些，为什么只可以吃羊肉？为何不允许吃豆子？为什么穿鞋必须先穿右脚，而洗脚的时候却要先洗左脚？为什么走路不能顺着道路呢？对于这些东西，那些接受了传授的人，也不能完全给出解释。他们只是知道，不用考虑这到底对不对，因为老师是这样说的也是这样要求的，所以我们就应该照着这样做。

毕达哥拉斯学派的人在公共场合是很容易被认出来的。不论在戏院、市场还是广场上，他们和普通人是不同的。他们总是单独待着，不愿意和大伙走在一条路上；他们很骄傲，因为他们觉得愚昧的人未得传授，其他人都很盲目，他们的命运完全受上级和完美的人来支配。迈龙就属于这种完美的人，他具有像赫拉克勒斯一样的肌肉和公牛一般的脖子，但是脑袋却很小。

贵族团结成了一个联盟，纪律、服从和秩序在此发挥了作用，贵族们结束了懒惰和游荡的生活。这个联盟不仅研究科学，他们甚至还接管了政权，他们还想把临近的城市治理得井井有条，使这些城市也变得像自己的城市一样有"尺度"并且"和谐"。他们所谓的"和谐"，就是统治权归贵族所有，少数毕达哥拉斯学派的"完美的人"统治着大多数百姓。联盟把势力伸向各地，他们渗透了希腊所有的意大利殖民地和整个大希腊地区，这些人等待着机会，要把言语转化为行动。联盟讲述了很多关于和谐、关于如何化解斗争的东西，他们还讲述了要使敌对的人和解的道理。现在，他们准备好了武器，以便彻底消除敌意，而且他们还想毁掉其他的城市的围墙，来建设自己的"秩序"。

这就是他们的科学要达到的真实目的！

机会有的是，常常有流浪者从邻城西巴利斯流落到克罗顿来，他们想在祭坛旁寻找自己落脚的地方。这些流浪者都是流亡的贵族，他们原来的国家政权被平民取代了。西巴利斯的居民要求引渡这些流亡贵族，克罗顿人却拒绝了。拒绝会引发战争，但是克罗顿人不怕战争，而且他们早就垂涎富有的西巴利斯城的财富了。

在西巴利斯，库房里堆满了米利都的毛织物，那里的酒多得只能存进地下渠道。经过这些渠道，酒可以从贮存池流到港口。西巴利斯人都是聪明的商人，他们懂得酒，也知道其他生财之道。而在克罗顿，人们只知道耕种田地和古老的渔业。

克罗顿的农夫们开始进攻了，为首的是运动家迈龙，迈龙打扮成赫拉克勒斯，头上戴着奥林匹亚花冠。贵族围在迈龙的周围，他们都是守纪律的毕达哥拉斯学派教徒。迈龙率领着克罗顿的农夫们，开始了战争。战争并没有持续太久，毕达哥拉斯那一派胜利了，西巴利斯的男人被杀光，女人和小孩做了俘虏，这里有了新的"秩序"。西巴利斯被毁成平地，"完美的人"分配了众多的战利品，而随着参加战争的渔夫和农夫们却只能继续回到他们有破洞的船上和肮脏的茅草屋去。渔民和农夫们不满意了，他们愤怒地呼叫着，要求分到一份自己应得的战利品，他们的呼声不再显示着原来的"和谐"。在这些感到不平的人中间，也有一些相对的平民富人、陶工或者武器工匠，他们也希望能够参与一些事情的讨论或决定。现在，友好联盟内部的友好氛围改变了，毕达哥拉斯的一位得意门生站到平民一方去了，他的名字叫希帕斯。

希帕斯被联盟开除了。人们还刻了一块墓碑给他，就当他已经死了。实际上他并没有死，而且他还参与平民的聚会，聚会中要求驱逐毕达哥拉斯学派的人。希帕斯给群众们讲解毕达哥拉斯的"圣言"，用那个学派自己的话来判定他们应有的罪。毕达哥拉斯离开了那座城，拥护他的人还在讲述着那些奇迹和显灵的事迹。他们说老师过河的时候，有个奇异的声音说："毕达哥拉斯，你好！"老师走到了美塔蓬塔了，但人们居然还在克罗顿见到了他。

毕达哥拉斯学派的人还远远没有绝望，诸神也不允许平民在争执的时候取胜，更别说他们争执的对象是"完美的人"，是北方乐土的阿波罗。毕达哥拉斯的学生就是这样称呼自己的老师的。夜里他们聚在迈龙家集会商讨秘密,但是他们的敌人知道了这个消息,从四面八方、从那些自由村和渔村聚集来。人们举着火把,咆哮着包围了那所开会的房子。人越来越多了,人们冲进了栅栏和围墙,穿过了长着橄榄树的庭院。

毕达哥拉斯学派的人想从房子中逃出来,可是已经晚了,他们在狭窄的出口彼此挤作一团。就算运气最好的人也难逃一死,即使他们从冒着浓烟的房屋里逃出来,他们也会碰上围在外面的手拿武器的人们。迈龙虽然有赫拉克勒斯的神力,可是也没能挽救自己。只有两个最年轻灵活的人死里逃生。

"宇宙中间是火在燃烧,周围的天体在歌唱。"青年们就是这样想象着世界,静静地讨论声音、数和恒星。现在,他们面临的是红色的火光和愤怒的人群,他们注定了居住在这个充满了斗争的世界里,这距离他们心目中那个有严整秩序的世界是多么遥远啊!

斗争越来越激烈了。不管是城市的石头墙,还是古代的信仰,都先后化成了废墟,原始氏族制度和新的奴隶制度之间的斗争越来越深入,所有歌手们的诗歌和所有的数学定理,都参与了斗争。今天学校里的学生在学习毕达哥拉斯定理[1],研究无理数或者声学时,根本不会想到,以前的人们为了这些无可争辩的真理,曾经用那种激烈的方式斗争过。圆规也可以当作武器,而且和刀剑一样锋利。

科学逐渐壮大了,斗争的两方都想拉拢它来为自己辩护。

▲ 毕达哥斯演讲

---

1 毕达哥拉斯定理就是直角三角形定理,即直角三角形的两条直角边的平方和等于斜边的平方。中国人早在毕达哥拉斯之前很久就知道了这个定理,我们叫它勾股定理。

毕达哥拉斯学派的人想让科学帮助他们阻挠历史，他们想保留古代的信仰和那些思想狭隘的壁垒，这是多么愚昧的事啊！他们所以需要科学，是为了让科学保护他们自身的利益，让科学作为贵族的保护者。然而随着科学逐步发展，却推倒了那些愚昧狭隘的墙壁。毕达哥拉斯学派的人们不得不隐藏自己的发现，可是，科学却是不能被封锁起来的。那些保密的学说终于被公开了，是毕达哥拉斯学派的人自己把它声张出来的。联盟宣布这些更改信仰的人死了，还给他们立了墓碑。事实上，他们还活着，如同科学不死一样。

科学自有主张，它推翻了以往固定的观念。就在不久之前，人们还以为大地是世界的中心，大地不变也不动，是一切的基础。而现在，即便是毕达哥拉斯学派的人，也秘密地承认，大地是个圆球，中间有火在燃烧。这些人试图包围旧思想，而自己却把大地从脚下移出，强迫它如同陀螺一样转起来。他们想让科学为自己服务，可是科学却让他们低下了头。从那时候算起，已经过了很多个世纪。毕达哥拉斯学派和反对派之间的斗争和辩论，早被淹没在历史中了。连历史学家也不一定能透过那些传说，清晰地辨认出那个时代。有些研究者怀疑，"大地是个球体"并不是毕达哥拉斯他本人发现的，而且地球也不像毕达哥拉斯所说的位于宇宙的中心。

其实，这些发现并不是毕达哥拉斯一个人的财富，而是他们那个学派共同的研究成果。不过，无论如何毕达哥拉斯学派的发现是非常重要的，并且让人难忘。所有的科学都要用到数字。不论讨论恒星或者原子，海洋里的水或者天上的风，我们只有依靠数字和公式进行讨论，才能理解那些事物之间的关系。没有数字和公式，就不可能制造出飞机，不可能修建出隧道，也不可能架设桥梁。每天，全世界有无数中小学生在学习质数和复数，计算比例和级数，在证明直角三角形斜边的平方等于两条直角边的平方的和……

是毕达哥拉斯学派的人最先区分了质数和复数，最先讨论比例和级数。当我们学到毕达哥拉斯定理的时候，总会想起他们学派的人。但是，他们不仅仅创立了一个定理，还有许多重要的定理，其中之一的就是：三角形

▲ 毕达哥拉斯率门徒朝拜

三内角的和等于两个直角的定理，这也是毕达哥拉斯学派的人发现的，甚至，我们发现如今街道上的门排号码，也和这个学派有关系，一边的号码是奇数，一边的号码是偶数，因为是毕达哥拉斯学派的人首先分开了奇数和偶数。

他们很早就讨论、研究数对于整个世界的意义是多么重大。但是他们学说的基础，对于科学来说，是不真实的，甚至是有害的。毕达哥拉斯学派的人说："数是一切，万物的起始和根本不是物质，是数。"这个错误的基础使科学从它在泰勒斯时期所走的路上往后倒退了。曾经有这样的情况，生活中的每一天都没有大变化，生命的河流缓缓流淌，觉察不出它的变化。直到有一天风暴突然来临，周围的一切都发生了剧烈变化，已经习以为常的古老的生活方式一下子彻底改变了。万物每天在变，每小时都在变，一切都变了。过去的事荡然无存。世界在100年里的变化比1000年发生的还多。

▲ 赫拉克利特

在距今 2400 年之前的那个时代，人们就是生活在那种不安定的情况下。古老的墙壁在挺立了许多世纪以后倒塌碎裂。古代的信仰、法规、风俗习惯，曾经像是诸神所定的一样一成不变。可如今，新的法规取代了旧的法规，不久以前还被认为是正确的事情，现在却被判定是坏事了；一文不名的人突然暴富，富有的人一夜之间变为穷人；平民有了地位，贵族的后裔却变得无家可归，成为流浪者到处漂泊。"为什么会这样呢？"在风暴中受尽苦难的人忍不住发问，"什么时候秩序才能恢复呢？我们何时才能回到我们从前那种安乐的日子呢？"他们去请教哲人，每一位哲人都按照自己的想法给出了答案。毕达哥拉斯向人们描述了世界坚不可摧的和谐，还有那些已经确定了好多个世纪的秩序。要想回到以前的好日子，一定要重新建立起那种曾经被摧毁的秩序。赫拉克利特[1]给出了不同的答案。人们跑到一个隐秘的森林里去找他，因为他正在那里过着隐居的生活。

赫拉克利特也反对新制度。他的历代祖先，都在爱非斯[2]做王，现在他离开了爱非斯，住在狩猎女神阿耳忒弥斯[3]圣地附近的山里去了。

人们胆怯地走向赫拉克利特的住所，他们已经从爱非斯居民那里打听到

---

1 赫拉克利特（公元前 540～前 480 年）是唯物主义哲学家，是古希腊爱非斯学派的创始人，还是辩证法的奠基人。

2 爱非斯以前翻译成以弗所，位于小亚细亚西安，是古希腊的一个重要城市。

3 阿耳忒弥斯是希腊神话里的狩猎女神，她保护少男少女，以贞洁著称。爱非斯有一座阿耳忒弥斯神庙，是古代世界七大奇观之一。

这位哲人是个怪脾气的老人。他很可能会把来人痛骂一顿，然后撵走他们，从这个忧郁的老人给人们的信息中，一点愉快的事也听不到。因此人们管他叫哀伤的赫拉克利特。而且，他所说的话是很难听懂的，他故意把话说得很晦涩，像特尔斐[1]圣地的神谕那样。所以别人还给他起了另一个绰号，叫他"晦涩的赫拉克利特"。

但是，这位古怪的老人身上还有着众多的荣誉。人们通常会鼓起勇气，小心地靠近他的小屋，就像走近森林中野兽的巢穴那样谨慎。他们看到老人正在火边烤火，他们犹豫地在门口踟蹰，老人看到他们，慢悠悠地说："请勇敢地走进来吧！这里也有神……"

谈话开始了。老人问客人："爱非斯有什么新闻？"老人绝不饶恕那些推翻了贵族世袭制度的国人，他不屑于他们所建立的新秩序。"他们谈什么理智？他们有什么常识？他们只会听流浪歌手的话，他们的老师就是群众。他们都是糊涂的人，他们之中大都是坏人，没几个人是好人。我认为如果一个人比别人优秀，那么这个人就可以抵1000个人。他们居然排斥自己民族中优秀的公民。他们说：'我们宁可不要最优秀的人，假如真的有这样的人的话，让他去别的地方吧，不要住在我们这里。'如果要来问我的意见，我会劝他们所有人都去死吧！把城市留给孩子们，说不定那样会好些。"人们听到他这样说，都感到很惊恐。他们急忙转移了话题，转向了古代的人和事。

但这位性格古怪的老人，还在继续用他的愤怒去攻击以前的人们——把荷马从歌手的比赛中赶出去，再赏他一顿鞭子。他还嘲笑赫西俄德连黑夜和白昼都不懂得是怎么一回事，竟然还自诩比别人懂得多，来做别人的老师。

赫拉克利特对于神，也不太宽恕。他虽然住在阿耳忒弥斯的圣地，但这位王族和祭司的后裔，却并不相信旧神。"向这些偶像祈祷，还不如对着墙

1　特尔斐是古希腊的旧城邦，在那里有阿波罗庙宇，信徒经常在那里祈祷，请求预示福祸。

▲ 赫拉克利特雕像

壁说话。"他对那些和他同样的思想的人，也不够尊重。在他嘴里，只有一个人不被骂，这个人就是泰勒斯。他批评毕达哥拉斯，说他虽然研究科学很热心，但是他是在别人的工作基础上创立他自己的学问，他的很多知识都是伪科学，这些知识并不能让人变得聪明。这些知识有的来自毕达哥拉斯，有的来自赫西俄德，还有的来自赫卡特和色诺芬尼。

人们不禁要问他："我们应该向谁去学习呢？"赫拉克利特说："向我们的老师。我们的眼睛和耳朵，就是老师。即使整个大自然都化成了云烟，我们还是可以用我们的鼻子去闻。我们不只是要倾听大自然的声音，还必须了解这些声音。如果人的心很愚蠢，那眼睛和耳朵也只是坏的见证人。眼睛虽然比耳朵要诚实，但也并不是100%让人相信。大自然是隐秘的，所以要去努力洞察它的秘密。你们去听大自然的声音吧，你们自己去向大自然提问吧！人和宇宙是一样的，都是无限的。"

人们仔细聆听着哲人的每句话。他说："看一看我们的周围，一切都在流动，人不可能两次踏进同一条河流；太阳每天都是新的；任何地方都不可能有绝对的宁静，绝对的和平，斗争永远存在。正是战争制造了没有自由的奴隶，而另外一些人则获得了自由。荷马说：'但愿憎恨能够远离诸神和人们！'这是不可能实现的。因为如果是那样的话，万物都不存在了。万物是由斗争而产生的，也是被斗争毁灭的，斗争是宇宙之主。当一种物体消亡的时候，对于另外一种物体来说，就是新生。就像劈柴在火炉里燃烧的时候，木柴的死亡就是火的新生。"火光照亮了赫拉克利特的脸，照亮了他的皱纹，照亮了他紧闭的嘴和长长的卷曲的白胡须。

哲人的声音又响起来了。他说："没有任何神能够创造世界，也没有任何人能够毁灭世界。世界的过去、现在和未来都是按照规律发展的。规律会熄灭永恒的活火，当宇宙之火熄灭的时候，世界产生了，一切都冷却凝结了。以后，宇宙之火还会把一切都烧毁。诞生和灭亡、生和死就是这样结合在一起的。就像这样，万物的起始在斗争中创造了和谐的世界。世界就像竖琴的弦，当我们弹奏竖琴时，我们一会儿按紧琴弦，一会儿放松琴弦，这一紧一松的配合，产生了和谐的声音。世界也是和谐的，表面看上去似乎没有秩序，实际上它有严格的规则。一切都受这些规则必然性的支配，必然性的鞭子把野兽驱赶到食物面前，连天上的太阳都不能打破这个规则……"

当太阳要落山的时候，客人向主人告别。客人带走了礼物，这个礼物虽然没有任何重量，却比黄金还要珍贵。这个礼物是新的观念、新的思想，他们得到了满意的答案。已经没有可能再回到过去了，事物都有自己的规律，一切都在向前，人不可能两次踏进同一条河流……

客人们正要回去的时候，在主人家的门口，又遇到了新的来访者。这些新客人一点也不胆怯，他们是快乐的孩子。主人对他们的表情也没有露出严峻，他们欢快地闯进来和主人一起玩骰子和下棋。这个古怪的老人非常喜欢天真的孩子们，难怪他说世界的未来属于孩子。就像这样，在远离城市喧嚣的森林深处，有一些新学说正在成熟发展，这些新学说要求推翻古代信仰。这些学说是关于支配世界的必然性的规律，是不能改变的规律。

走自己的路

我们该怎样称呼这个统治世界的新主宰呢？用曾经统治世界的宙斯神之名称呼他吗？因为旧名字会引起旧思想，把人引向后退，引向从前的那些神。所以赫拉克利特在寻找新名字，他把新主宰叫作"诺摩斯"，意思就是规律，或者叫作"科斯摩斯"——世界的秩序，或者叫作"逻各斯"，这是包括规律、言辞和理性的一个词。

用旧的词来表示新思想，是不太容易的。但是赫拉克利特认为，"逻各斯"这个词是最能准确表达他关于宇宙规律的思想的。人们用智慧去理解这个规律，而且这个规律支配着自然界和人类的理性。

沿着海岸，在距离喧闹的米利都和爱非斯很近的地方，哲学家赫拉克利特开启了关于"逻各斯"的学说，这是关于宇宙规律的学说，赫拉克利特将以此去推翻宙斯神所拥有的权力。

日复一日，赫拉克利特每天都记录下自己的思想，他把记录自己思想的纸卷藏在阿耳忒弥斯圣地，因为他知道这里很安全，只有那些受过他传授的人才能接近这些思想。这种玄奥的哲理不需要传给普通人，因为普通的人们很难理解它们，虽然它们拥有太阳般的光辉。"他们把一切思想像堆放在库房的物品一样分门别类地放置，所有的一切思想都被分为适用的和不适用的、黑暗的和光明的、好的和坏的。但是我们都知道，鱼生活在海水里，而人不能；猪喜欢在泥水里洗澡而人不喜欢；最美的猴子和人比起来，也是其丑无比的；自由的人认为是善的事物，对于奴隶来说，却可能就是恶的。"他还说，"人们还不理解这些，他们只是习惯从一个方面看事物。他们还不会理解到没有黑暗，就不会有光明；没有虚妄，就不会有真实；没有疾病，人们就不知道什么是健康；没有劳动，休息就无从谈起。光明和黑暗、真实和虚妄、死亡和新生、终结和开始，都是同样重要的。在圆周里，终就是始，始就是终。冰变成水，水化成蒸汽。我们存在于这个世界，同时也不存在，每一瞬间都在变成别的东西。"

赫拉克利特一直这样想。但是他知道，人们不会轻易了解他和他的思想观念。因为那些人都是在狭隘的世界里成长起来的，虽然世界变得宽阔了，而人们的思想并没有因此而变得宽广。他们还是目光短浅、思想迟钝。他们只知道自己的存在是真实的，却不能做到从另一个方面去看问题。何

▲ 赫拉克利特低头沉思雕像

必向他们解释这些知识呢？他们是不会懂的，他们所想的只是怎样吃饱穿暖。

赫拉克利特一直这样嘲笑人们，不过他却是个仁爱的人，在所有憎恨现世的人中，他是为了人类，才去努力寻求真理的。他是新制度的反对者，他一直教导人们按照新的思想方式去思考。他虽然住在圣地，却试图打倒诸神。

后人们在谈到赫拉克利特时，会这样说：他是第一个明白了自然界是运动的人，他是时刻不停地改变着和更新着的人。后人们赞叹古人的智慧时，他们会重复先哲们的话："世界是包括一切的整体，他不是由任何神或者任何人所创造的，它的过去、现在和将来都是按规律行进的，永恒的活火按规律燃烧或者熄灭。"

赫拉克利特值得被戴上一顶月桂冠[1]。在他生活的那个时代，他就像是一个在全是瞎子的世界里唯一睁着眼睛的人，虽然他并不希望其他人能够很快

---

1 月桂冠也叫桂冠。古希腊人用月桂树的枝叶编成头冠，只有竞技的优胜者才能佩戴，所以月桂冠象征胜利和荣誉。

恢复视力。

当然，那个时期还有另一些哲人，他们不轻视人们，他们乐意住到人们中间去，而且竭尽全部精力把自己的学识贡献给人们。

▲ 恩培多克勒雕像

恩培多克勒[1]就是他们当中的代表，和赫拉克利特一样，他也是出身于王族。恩培多克勒的祖先曾经统治西西里的阿克拉格斯，也就是他的故城，恩培多克勒就出生在这个城市，并且成长在这个城市的卫城[2]里。但是他在青年时期果断地拒绝了王位，他希望生活在民众中间，不喜欢看到高大的城墙阻隔了市场的喧闹，阻隔了铁匠和木匠工作时叮叮当当的声音。他希望统治卫城的是平民，而不是国王，因为他知道，国王的权势早就有名无实了，实际的统治者是少数贵族。

恩培多克勒在这些傲慢的贵族眼中，是讨厌的敌人，因为他拥护的是自由公民的平等，他预见到了平等的胜利。平民在阿克拉格斯经过了长期的斗争，他们最后取得了胜利。恩培多克勒被选为了执政官，他认真仔细地工作，不让任何人损害平民的权利。当另一个执政官企图攫取权利到他自己手里时，恩培多克勒给予他严厉的处罚，并且还处罚了他的同谋者。在公民会议上，执政官发表演说，讽刺了那些自以为是的人，他把自己的全部学识都贡献给了人民。

国人们都在谈论关于他的这样一件事："塞里纳斯城附近的河里散发出的臭气，引发了瘟疫，城里的居民发生了死亡。这时，恩培多克勒想出了一

1　恩培多克勒（公元前490~前430年）是古希腊唯物主义哲学家。
2　卫城就是指希腊城市里的一些内城。

个对付这次瘟疫的好办法。他拿出自己的钱,修建工程,把那条臭河和临近的两条干净的河连起来。这样,由于河水的混合,这条臭河的水变清了,疾病停止了蔓延。塞里纳斯城的居民得救了,他们设宴庆祝。这时,恩培多克勒也来到了河边,人们向他表示崇敬的感谢和祈祷,对待他的态度就像对待神一样恭敬虔诚。"

恩培多克勒还非常关心他自己的故土阿克拉格斯。有一次,山中吹来阵阵闷热的、令人不舒服的风。风非常大,果园里的果实都遭受到了巨大损失。恩培多克勒想出了一个办法,他让人把驴皮做成皮囊,把皮囊分别放在小山丘和山峰的周围,用来捕捉那令人不舒服和给果实带来损失的风。这样,人们避免了果实的损失,所以人们叫他"驯服风的人"。

有了恩培多克勒,人们避免了瘟疫和果实的损失。恩培多克勒不仅对于风暴有办法,他还敢于挑战死亡。据说,他可以把人的灵魂从地府中召唤回来,在有关他的故事中,真实和传说往往交织在一起。

每当他来到一个新的城市时,成千上万的人都会热烈地欢迎他,人们把他当作救命恩人,有的人想让他帮助治愈疾病,有的人想向他问询真理的方向。他像一位尊贵的国王一样,身穿紫色的斗篷,腰间戴着镶金的腰带,脚上穿的是铜制的鞋。他是一位首领,但紧跟他的不是护卫兵士,而是受苦受难的、有疾病痛苦的人们。人们不会在宫殿里,或者在卫城中看到他,因为他只出现在简陋的屋子里和城外尘土飞扬的大街上。

他不像他的祖先那样,在赛马场或者别的城墙下的战场里获得胜利的荣耀。他的胜利,是在和风暴斗争中、和风的战斗中、和泛滥成灾的江河搏斗中,和瘟疫疾病还有死亡这些神秘力量的较量中获得的。在人们心目中,他不是一个普通的凡人,而是上天派来的神。他知道自己的智力不同于众人,但是他并不因此而有任何的一丁点儿的骄傲。他说:"比起那些每走一步,都要受到痛哭和死亡威胁的人来说,我是比他们要好一些,但这又能说明什么呢?"

他还是位哲人,他自己编写了关于自然界的许多诗歌。他不把自己的学识当作珍宝一样收藏起来，而是传授给别人。据说，他年轻的时候，由于无意中说出了毕达哥拉斯联盟里的一些秘密，被联盟开除了。他说："当一些新的思想刚刚接触人们的时候，人们通常是感到很难接受的。"但是恩培多克勒从来没有离开人们，为了科学能够充实人们的智慧，他愿意和大家住在一起，以便教导他们。

恩培多克勒都教导了人们什么呢？他继续教授人们那些以往的学说，包括泰勒斯、阿那克西曼德、阿那克西米尼和赫拉克利特的学说。而且他发展了这些学说，他说有四种元素创造了世界：火、水、土和气。一切曾经有过的东西，不管是现在已经存在的还是将来要出现的，都是由这四种元素所组成的，它们的结合创造了万物，万物毁灭又都会分解成这四种元素。万物都不会凭空消失，万物也都不会从虚无里产生，人们所说的死亡和新生，也只是元素的分解和结合。

一直都是这样，一可以产生多，多也可以归结为一。曾经有一段时期，太阳没有炫目的光辉，地球没有毛发蓬松的身体，大海也没有滔天的巨浪。憎恨使一切都分裂了，一切都各自存在，互不联系，因为一切都没有爱，所有它们之间没有任何联系。但是爱会和憎恨作斗争，和睦也和憎恨作斗争，爱使得那四种元素结合起来，形成了各种形状、千姿百态的东西。

灿烂的太阳有炙热的光辉，月光皎皎，天空广阔，地球出汗了，于是就形成了大海。由于四种元素的结合，还有了生物。最初，这些生物只有头而没有躯体，有手而没有肩膀，有眼睛而没有前额。当它们相遇之后，彼此生长在一起。之后，就出现了有两个头的生物，长着人头的牛，或者长着牛首的人。但是这些怪物慢慢消失了，只有适当的生物保留了下来，它们是适应自然的产物。

元素组成了世界，就好像砖瓦组成了房子。但是经过一段时期，憎恨卷土重来，重新战胜和睦，世界大厦被摧毁了，一切又要重新开始。事情总是这样，有时四种元素因为和睦和爱而组合在一起，有时又因为憎恨和恶而分裂，破坏殆尽。

恩培多克勒的思想节奏太快，听他说话的人很难跟上他的思路。人们已经习惯于这样想，天、地、生物都是诸神所创造的。然而恩培多克勒却告诉他们，一切都不是神的意思，一切都是按照自然规律发生的，都是由于元素的结合而产生的。但是习惯的力量，旧思想的力量毕竟太强大了，人们竟然开始把恩培多克勒当作永生的神了，虽然这位哲人一直反对诸神。

恩培多克勒早就去世了，但是人们不愿相信他已经死了。在阿克拉格斯城，人们一直在这样讲述哲人临终时的情形：那是一天夜里，宴会结束后，哲人和他的朋友躺在床上。忽然，一道亮光从天上照下来，一个响亮的声音召唤着恩培多克勒，接着世界又变得黑暗和寂静了。第二天早晨，大家看到哲人的床空了，于是派人到处寻找，但是哪里都没有他的影子。当时人们就猜想，那天夜晚一定是发生了一件值得祈祷的大事，哲人变成了神，今后人们也应该祭祀他了。

另外还有一些人，他们认为哲人已经去世了，但是他的死和普通人是不同的。他是自己把自己火化了。他所用的火是火山中熊熊燃烧的火，在他自己感到时日无多的时候，他爬上埃特纳山[1]的山顶，自己纵身跳入了喷火口。人们之所以这么说，是因为在火山口发现了他的一只铜鞋。

那么真实情况到底是什么呢？实际上，恩培多克勒是死在离故乡很远的异乡。因为在阿克拉格斯，贵族又重新夺取了政权，平民的头上又被套上了枷锁。哲人被驱逐出境，他被迫来到高寒的伯罗奔尼撒半岛[2]的山里，在那些半开化的牧人中间待下来，这里也是他最后的安身之所……

他在异乡唱起了哀伤的诗歌："我曾经是伟大的，是幸福的，因为我曾经享受过崇高的地位，但是命途多舛，徘徊在死亡的边缘……

"我伫立在这生疏的地方痛哭。这里，是不幸的黑暗草原，充满了阴谋、伤害和许多罪恶，也充满了残忍的疾病和腐败的东西……"他的歌在哀叹些

---

1 埃特纳山是意大利西西里岛东北部的一座火山，是欧洲最活跃的活火山。
2 伯罗奔尼撒半岛在希腊南部。

什么呢？哀叹命运又把他带到了异乡？哀叹他的茫然无助？还是哀叹整个世界对于他来说都是巨大的异乡？这个曾经驯服了风和死亡的哲人，曾经是多么骄傲和愉快地生活在这个世界上啊，他曾经帮助过多少人啊！

　　他曾经说过："世界上存在利于健康的药，这种药可以防止疾病和衰老。我现在把它们告诉你们，你们将来会知道的。你们将会制约那摧毁庄稼的狂风，你们还可以在需要风的时候，又把它召唤来；在炎热的时候，你可以让雨从天上落下来，去浇灌田园；你还可以从地府召回死去的人的灵魂……"

　　他的眼睛是诗人的眼睛，是预言家的眼睛。他望到了未来，他看到人在未来统治了自然界，人可以自由地支配自然。在他看来，人们已经胜利，或者即将胜利，他戴上了象征胜利者的桂冠。人们对他膜拜像对神一样恭敬，他坦然接受了人们的敬意。但是他们庆贺得太早了，恩培多克勒在被放逐的清冷的日子里，逐渐想通了这一点。

　　这位伟大的人在死的时候哀叹道："唉！和我一样不幸的同时代的人啊，你们到底出生于什么样的不协调，是从什么样的绝境中生出来的呢？"哲人的整个学说，都是来自旧和新，不协调和协调的斗争。这个斗争在他的故城里进行着，在整个希腊进行着，在哲人的心里进行着……

　　在他的著作里，最新的科学和古代的旧巫术结合在一起。他写出了长诗《论自然》，他把这部著作献给了科学，他还写出了长诗《论净化》，又把它献给了巫术。他是个真正的学者，他认为人们应该用人所具备的各种感觉和智慧来理解这个世界，理解这个现实的世界。

　　恩培多克勒否认神的存在。但是在他写作的长篇诗歌中，有宙斯也有赫拉。他给他所描述的大自然起了神的名字。他没有在科学和巫术之间做出选择，不过，人们依旧把他当作一位伟大的科学家。当恩培多克勒创造了元素学说——一切是由元素组成的，一切又能分解为元素时，人们又朝着真理迈进了一步。当然，他的概念还不是我们现在的科学概念，他所说的元素也还不是我们现在所讲的化学元素。

第04章

智慧的古人

人们正在设法通过人类的思想来穿越那条世界的界线，那条把地和天隔开的界线。求知的人们需要利用智慧去擦亮自己的双眼。他们用眼睛努力辨识离天空最近的岛屿上的山峰和峡谷的轮廓。人类在通往无限的路上越走越远。

和伟大旅行家希罗多德的相遇

当我们翻阅地图的时候，可以看到小亚细亚这片面积不大的土地，一些希腊最早的科学家和哲学家就是出生在这片土地上。

▲ 希罗多德铜像

哈利卡纳苏是距离米利都不远的一座城市，著名的历史学家、旅行家希罗多德[1]就出生在这里，在它的旁边就是毕达哥拉斯的家乡——萨摩斯岛。从萨摩斯岛很容易到达爱非斯，只要通过海湾即可到达。赫拉克利特就住在爱非斯的阿耳忒弥斯圣地。从爱非斯到科罗封，步行三个小时就可以到达，那里是流浪歌手色诺芬尼的出生地。哲学家阿那克萨哥拉[2]的故乡克拉左门也在不远处。多么神奇，原来名人们生活的地方竟然是如此之近，甚至可以说他们彼此是邻居。

公元前6世纪初叶，是泰勒斯和阿那克西曼德的黄金时代。阿那克西米尼是阿那克西曼德的学生，毕达哥拉斯和色诺芬尼的年龄则更小，是泰勒斯的孙子辈的。而当毕达哥拉斯成为垂垂老者时，后来的隐士赫拉克利特还是个小孩子。阿那克萨哥拉和希罗多德更小，甚至已经是公元前5世纪时代的人了。这些伟大的人住在这片不大的土地上

---

1 希罗多德（公元前484~前425年）是古希腊历史学家，著作有《希腊波斯战争史》，除记载了希波战争之外，也描述了希腊、波斯、埃及和西亚各国的历史、地理和风俗习惯，里面还有很多神话传说。

2 阿那克萨哥拉（公元前500~前428年），是著名的古希腊唯物主义哲学家。

几乎同时期地生活过，也正是因为他们的原因，这些土地也出了名。

希腊的科学是这个时期创造的，在这个时代，在这个人类发展道路的交叉点上，不同的风俗习惯和信仰和思想都在这里交融。

不过，那个时代也很艰辛，因为来自东方的军队常常袭击这里。在公元前5世纪和公元前6世纪交界的时期，波斯王经常把小亚细亚搞得鸡犬不宁，他被称为强大的"万王之王"。他霸占各个城市，切断海上航行的路线，阻断这里与外界的联系。腓尼基人作为波斯人的同盟，他们可以在本属于希腊的海上畅通无阻。就是在那个时代，有"最幸福的凡人"之称的波利克拉特被波斯人俘虏，并且被残忍地钉死在十字架上。米利都人企图反抗波斯的进攻，但是他们的舰队在海上战争中被腓尼基人的舰队打败了。反抗被镇压了，米利都也被腓基尼人一把火烧成了废墟。

战争的结果使大量居民流离失所，他们从各个方向涌向雅典、西西里和意大利。当然科学家也不能幸免，他们带着自己的著作、图样和地图，带着他们生命中最宝贵的东西——科学，逃离敌人的统治。

野蛮的波斯大军继续横冲直撞，从亚洲到欧洲，它们毁坏了途经地区的一切，整个世界几乎因此后退一大截。所幸，雅典抵挡住了波斯人的进攻，阻止了他们邪恶的脚步，保护了希腊的自由……

雅典的这场胜利给这一地区带来了经济的繁荣。在公元前5世纪，各处往来的货船不再驶向米利都而是驶

▲ 希罗多德最钟情的是在庙宇中和祭司们谈经论道

向雅典。在雅典的作坊中、造船厂和港口里，工人每天披星戴月地忙碌着，得不到片刻的休息。这里有大批的工人，他们从事制陶、纺织或者锻造。于是从爱奥尼亚逃离的科学家们也重新找到了自己的用武之地。

世界的版图在逐渐扩大。那时候，人们在雅典可以遇到很多经验丰富的旅行家和历史学家，希罗多德就是其中之一。他的足迹遍天下，人们曾在腓尼基的港口见过他；金字塔和巴比伦神庙也留下了他的足迹；波斯王国的首都也有过他的身影。此外还有尼罗河、象岛，以及他曾经居住过的黑海之滨。在那黑海之滨，希罗多德甚至可以眺望到西徐亚首领金色的帐篷。这些还不够，希罗多德最钟情的是在庙宇中和祭司们谈经论道、在码头和船长们寒暄高谈阔论，他就是这样随遇而安。

在家乡雅典，希罗多德常常走到一座港口，观察停在那里的货船。每到黎明时分，这个港口就喧嚣热闹起来，岸上堆放的货物像小山一样，有成堆的谷物，也有从米利都运来的毛织品。船主们忙碌地命人装货、卸货；搬运工和船夫在吵架；商人和船主在讲价钱……在这里，遇到异乡人是司空见惯的事，终生住在一个地方、只与自己的族人交往的时代已经一去不复返了。

再古老一点的时期，氏族间的交往还不频繁，当时人们看到异乡来的商人，就好像见到了野兽一样惊恐。那时，随便一个老年人都可以清楚地讲出每个过路人的家谱。一个异乡人要想在一个新的城市定居是很不容易的。他首先要给自己找一个保护人，不然他在这里是得不到安全保障的。那个时候的城市和乡村并没有多大区别。现在完全不一样了，在每个城市的城墙四周或者在城堡里，很多条商业街建起来了，这些街道专门供各地商人在此交易，而且还专门开辟出一些地方给外地的手工艺人们居住。比如陶工区住着的是从米利都来的陶工，而不是雅典的本地居民。还有许多地方住着从爱非斯来的武器匠……

大海把来自四面八方的人和物品融合在了一起。从前，陶工只为自己的乡亲们烧制器物；女奴只给她的主人做衣服；冶金工人也只为自己民族的士兵和首领制造武器。而现在，一切都不同了，一个城市制造的杯子被其他地方的人拿来喝酒；一个地方制作的衣服被其他遥远的国家居民穿在身上；这个城市制造的刀剑被那个国家的士兵拿在手中……人们对类似的事情越来越习以为常了。

另外，在以前，那些举目无亲的异乡人经常受到欺负，而现在甚至出现了法律，他们可以用法律来保护自己。而且，假如他拥有黄金、奴隶和船舶，那他就不再是个异乡的下等人，而可以是这个城市的上等人了。以前，贵族们看不起商人和手艺人，如今，人们的身份和地位都由财富的多少决定，即使是以前完全没有身份和地位的人，有时候也可以发财，只要他们能够购置田地、船舶和作坊。

在那个时代，穷人和富人之间没有明显的界限。富翁有可能出身于陶工家庭，父亲只是一个普通的陶工，可到了他儿子这一辈，却成了不只拥有一个作坊，而且还可以有几十个奴隶的富人了。这时，金钱就会自己源源不断地流向这个作坊，一位富人就这样被"创造"出来了。作坊逐渐被扩大，最新式的机器开始在作坊中使用，此时工人只需用脚踏动转盘即可操作机器工作，他们被解放出来的两只手就可以做别的工作了，工作效率因此大大提高，作坊主赚的钱也因此越来越多。

日渐富裕的作坊主们可不会让赚来的德拉克马和奥波拉[1]闲置着，他们把这些钱借给破产了的贵族，然后向他们收取高额的利息，这样他的金钱越变越多。随着财富的增加，这些人添置了更多的房子、船舶和田地。在此基础上，土地的耕种方式也完全不同了。当穷人们还在用木犁耕地，用手工研磨谷穗时，富人已经开始使用铁铧犁来耕地，用专门的脱粒工具来磨碎谷穗了，当然他们也使用石磨，不过推磨这样的累活是由奴隶来做的。

有了财富，权力也就随之而来。以前是贵族统治雅典，而此时贵族早已经被推翻，国家的法律是由公民议会来制定的，而公民议会则是由如今的纺

---

1 德拉克马和奥波拉都是古希腊的钱币。

织工匠、陶工、皮革工人、商人和船主等组成的，当然他们都是原来的平民。如今，即使是古代贵族们的后人也开始学做生意了，他们也买来船舶，用它装满货物，去海外进行贸易。

　　此时，高高筑起的围墙已不再是城市的中心，取而代之的是市场。每天早晨人们都要集聚到市场上来，在那里人们可以交换消息，互通有无。即便是在理发店等待理发师磨刀的一小会儿功夫，大家也可能展开一些讨论，每个人都像雄辩家在议会上发表演说一样，滔滔不绝。快到中午时，市场上的人们都躲到阴凉下去纳凉。旅行家希罗多德也是其中之一，他坐在台阶上和刚远行归来的船长交谈，等他回到家里后，他会立刻将他听到的奇闻趣事记录下来。日积月累，他已经写了很多这样的笔记。通过这些记录，希罗多德写了一本记载各个国家、各个民族奇闻趣事的书。这本书日复一日、年复一年地增厚，内容逐渐丰富。就是通过这种方式，当时到过其他地方的水手们所经历的事情，才得以流传了下来。

　　人们认知的世界又扩大了，但它还是被迷雾笼罩着，是模糊不清的。因此，水手们的故事听起来往往像神话故事一样扑朔迷离……

　　水手们说，在遥远的南方，有个地方叫利比亚，住着黑皮肤的埃塞俄比亚人，他们说话就像蝙蝠一样发出"吱吱"的声音，更不可思议的是，他们居然吃蛇和蜥蜴。那里还有特别巨大的象和蛇，还有长角的驴子，以及角长得很长很长，甚至可以碰到地面的"牛"。为了吃草的时候牛角不会顶到地，他们必须倒退着走。那里还有高耸入云的阿特拉斯山，人们都说那是擎天的柱子，天如果没有它的支撑，也许早就塌下来了。

　　再遥远一些的地方，那里居住着长着狗头的人，甚至有的人根本没有头，但他们不是瞎子，他们的眼睛长在了胸脯上。还有在东方，有体形巨大的兽和鸟，在那里的沙漠中，有大得像狗一样的蚂蚁，它们负责看守黄金。每当中午，天气炎热，蚂蚁都躲到地下睡觉的时候，是最宝贵的时机。趁此机会，居民们骑着飞快的骆驼奔向沙漠，他们抢走黄金，然后急忙再赶着骆驼往回跑。

速度一定要快,因为稍微慢一点,蚂蚁就会从地下跑出来追赶他们,不能及时逃走的人和骆驼,都会被这些蚂蚁咬死。

再往北是更加神奇的国度,那里没有道路,那里的一切都覆盖着白色的绒毛。那里有着千奇百怪的人,生着羊脚的人;只有一只眼睛的人;一觉睡半年的人,甚至还有一年中会有三次变成狼的人……总之无奇不有。

希罗多德是很聪明的人,他并不会完全相信这些故事,他只是忠实地把它们记录下来。他明白,这些水手们只是喜欢把他们的故事夸张地讲述出来而已,就连旅途中向导们的话也是不能全信的。希罗多德有自己独立的思想,但有时他也想确认一下那些能够确认的事。于是希罗多德向阿拉伯出发了,他想看一看那里是不是真有长着翅膀的蛇。据说,这种动物保护着一种能产生香脂的树,每到春天,

▲ 希罗多德雕像

它们会飞到埃及,去躲避圣鸟朱鹭的捕食。春天之后,蛇又飞回到树上去,这时,人们就会燃烧香脂,因为蛇怕烟,于是它们又飞走了……希罗多德到了阿拉伯,他在有香脂树的地方仔细寻找,但是并没有看到这种飞蛇。

希罗多德记录这些所用的草纸可以用"堆"来形容了,他在家中仔细翻看自己写下的记录,他对记录的内容既惊讶又怀疑。他在把一些神奇的故事转移到书中去的时候,总是小心翼翼,经过深思熟虑,尽量选择能够确定事实存在的,或者不是那么难以置信的事,因为他不想成为一个说谎话的人。但是从另一方面考虑,如果判断失误,遗漏了任何真实有趣的故事,都会令他十分遗憾。再三思忖,希罗多德重新拿起了削尖的芦苇笔,蘸上墨水继续写起来。当写到"埃塞俄比亚人说话像蝙蝠一样吱吱叫"的时候,他在后面

加上这样一句:"至少这是利比亚人自己说的。"这样,故事的真假就不是由他来判断而是由读者自己判断了。

当然,希罗多德还会坦率地把自己的疑问写出来,他在书中这样写道:"我不知道事情的真相是不是这样,我只是客观地叙述从别人那里听来的故事。"不论走到哪里,他都希望可以为那些看似不合理的故事找出解释,以帮助读者理解。他经常讲一个鸽子的故事:有一只鸽子飞到多度那城[1],用人类的语言说道:"这里应该建一座庙宇。"希罗多德用自己的观察和理解,在书中把它解释为:"说起话来像鸟叫的外国妇女。"

希罗多德并不是把他听到的一切都原原本本地叙述出来,他也很难分出故事的真假。他不相信在极北的地方,黑夜有6个月那么长;但是他相信,在印度真的有大蚂蚁在守卫黄金。其实在他的头脑里,旧思想和新思想时刻不停地在作斗争,而且结果常常是旧思想获胜。许多和希罗多德同时代的科学家都知道,河水会由于太阳的照射而蒸发减少,但是希罗多德还是宁愿相信有太阳神,他认为是太阳神在天空中值班时由于口渴,喝掉了河里的水。另外,阿那克西曼德、阿那克西米尼和毕达哥拉斯等都曾经研究过支配天体运动的规律,可是希罗多德却认为是寒风吹得太阳拐了弯,所以才会有寒冷的冬季;许多恩培多克勒认为是科学的东西,希罗多德却认为是神明,是灵魂。

科学是不以任何人的意志为转移的。在希腊,接受新思想的人,按照新方式了解事物的人,都越来越多了。每当希罗多德认真地朗读他的著作时,很多雅典人都聚集过来聆听,他们非常喜欢这部充满了新思想的著作。逐渐地,人们无论在广场上、柱廊下、角力场,甚至在饭桌上、树荫下,都会谈论宇宙,谈论恒星,争论月亮和太阳的本质。科学俨然已经成为当时最炙手可热的话题。这不是普通的科学对话,这是一种思想碰撞,是一种关于应该怎样生活、应该信仰什么的思想交流。

在雅典,上流社会会通过家庭宴会和集体聚会等方式,将人们聚集起来。

---

1 多度那城,希腊的古都,在那里的宙斯神庙中有著名的神谕。

他们聚集在一起，就共同感兴趣的话题进行讨论。伯里克利将军家里就经常举办这样的宴会，每当客人酒足饭饱之后，女主人阿斯佩西亚摒退舞女和乐师，他们针对共同感兴趣的话题，开始了集体的谈话。客人们到他家里来聚会，不仅仅是为了享受美食、美酒、音乐和香气，更是为了聆听他们的老师——阿那克萨哥拉发表演讲，他们需要这样的谈话来充实自己的头脑。发表演讲的人知道来的都是他的学生和朋友，伯里克利本人也非常喜欢和阿那克萨哥拉一起讨论国家问题。

　　这位伯里克利将军可是一位了不起的传奇人物，他大约生活在公元前495到公元前429年，是古雅典奴隶主民主派政治家。公元前444年后，他历任首席将军，是雅典国家的实际统治者。雅典人管他叫"奥利匹斯山神"，以此来形容他的尊贵和骄傲。每当他面对着民众讲话的时候，他就像宙斯神那样绽放光彩。在他主政期间，雅典达到了强盛的顶峰。几年之内，雅典人就把自己所居住的城市变成了世界上最美丽的城市之一。

　　伯里克利不但向哲学家们请教，而且还会巧妙聪明地利用自然科学的色彩来充实他的演说艺术。阿那克萨哥拉也非常乐意跟宴会的女主人阿斯佩西亚畅谈，因为她和那些只会在纺车前消磨时间的雅典女人不一样，她理解国家大事，关心学者们的辩论。古希腊著名的唯心主义哲学家苏格拉底常常带着学生来访，就是为了让学生们听一下她那充满智慧的言谈。这位女主人的确不一般，当初为了和这个来自米利都的异国女人结婚，伯里克利和他高贵的雅典原配妻子离婚了，许多人因为这件事看不起他，但是伯里克利从不掩饰自己

▲ 伯里克利将军

对这个知识渊博的女人的爱。

还有谁是这个宴会的座上宾？菲狄亚斯是其中一位。菲狄亚斯是古希腊著名的雕刻家、画家和建筑家，他生活在公元前480年到公元前430年。当时，他正在帮助伯里克利改建雅典城。成百艘船舶把建筑需要的大理石、铜、黄金、象牙、柏树和紫檀木运到雅典的港口。在菲狄亚斯的指挥下，无数的建筑家、雕刻家、木工、铜匠、泥瓦匠、金银匠组成了几千人的队伍，在城里勤勤恳恳地工作着，每个人都像司令官一样指挥着一队工人。这批"军队"的武装不是刀剑和长矛，而是雕刻家的刻刀和泥瓦匠的铲子。他们的任务不是杀伤敌人或者杀死对手，而是把"死"的变成"活"的——他们把笨重、死板的大理石块变成永葆青春、充满活力的男神、女神雕像，或者变成轻巧美丽的庙宇圆柱，他们可以让那些装饰墙壁和屋檐的石头发出自己独特的、无声的语言。

▲ 伯里克利和阿斯佩西亚在菲迪亚斯的工作室里惊讶地看着雅典娜的大型雕塑

菲狄亚斯是这支建设大军的统帅，他要建设的不是一座美丽的建筑物，而是一座宏伟、经典的城市。在菲狄亚斯旁边的是古希腊著名作家欧里庇得斯，他也是阿那克萨哥拉的学生，他所擅长的是创作悲剧。他强烈的神经质，使他常常对那些所谓的真理表示怀疑，并提出疑问。他不向命运和神低头，他所创作的悲剧里的每一句话都能让剧场里的观众动容。

在那个思想不统一的时代，人们各自有各自的活法。剧场里的观众们，很大一部分是迷信、胆怯的，他们还在信仰古代的神。可是欧里庇得斯想驾驭人心，尽管这是很困难的。他用深入人心的悲剧台词吸引人们，所有的人都被他的剧情感染，连那些最胆小、最迷信的人都受到了感染。剧中人说"如果诸神是不公正的，那他们就不是神"，听到这些话的观众们，此时的内心就会如骏马一般飞奔，他们已经被剧中的思想感染，他们的内心在慢慢发生着变化。

伯里克利、阿斯佩西亚、菲狄亚斯、欧里庇得斯……这可真是名师出高徒啊！

那么，欧里庇得斯能否与阿喀琉斯相比呢？现在我们就对这两位伟大的人进行比较。曾经，在坚固的宫殿围墙里，首领和卫兵们大摆宴席，就像是伟人的欢宴一样，他们会向神敬献上百头牛作祭品，风将人们的欢歌笑语和祭物的浓烟带到远方。而现在，这里的宴会，更是重量级人物的。所以你看，尽管阿喀琉斯向凡人挑战，而欧里庇得斯却敢于向神灵发问。

那么，伯里克利与奥德修斯相比，谁更睿智呢？我们都清楚，他统治下的广大城市联盟比那个小小的伊塔刻真不知要大多少倍。

这些人都是平平凡凡、普普通通的人，他们不是荷马笔下力大无穷的英雄。但他们拥有更宽广的见识、更远大的目标，这些拥有无穷力量的人们经常聚在一起，互相交流思想。你看，这些人躺靠在半圆形的床上，床边是矮桌，桌上的杯中斟满美酒，桌上的盘子里装着葡萄。他们时而改变着姿势，胳膊肘靠在靠枕上，身子倚着旁边的人。如今我们隔着这么多个世纪的烟雾来认识他们，的确是很困难的。但是我们仿佛看到这些人在轮流谈话，一会儿是这个人，一会儿又换成另一个人；他们的嘴唇在张合开闭，我们甚至好像可以听清他们的谈话。

他们在说什么呢？我们看到此刻人们正在阿那克萨哥拉面前仔细聆听。阿那克萨哥拉正在滔滔不绝地给大家讲述自己关于宇宙的看法。他认为，地球不是唯一存在的星球，月亮上也有土地，在那些连绵起伏的山丘中，还有动物、树木的存在；至于太阳，那是一个在旋风带动下的、炽热的大石头。阿那克萨哥拉说，是旋风造就了世间万物，就连冷和热、黑暗和光明也是因为旋风才产生的。旋风带着太阳在天上奔驰，在剧烈的运动中，太阳变得炽热无比，在飞奔过程中，太阳身上掉下的碎块变成了流星，飞向四面八方。阿那克萨哥拉说，那些掉到地上的流星不过是太阳的碎块。当人们仔细查看落到地上的物质时，才发现这些天外来客真的只是一些石头。

▲ 阿那克萨哥拉正在滔滔不绝地给大家讲述自己关于宇宙的看法

阿那克萨哥拉具有高超的智慧，在天空深处，他发现了人们做梦都没有梦到过的新世界。大家钦佩他能看到别人看不到的东西，人们都在认真地聆听他的讲话。阿那克萨哥拉继续谈起了"物质的种子"。他说，它就是形成物质的微小的碎块，元素并不只有四种，而是无限多。虽然他不相信神，但他认为有一种高深的智慧、神秘的原始动力在引领世界，这位老年哲人常常谈论起这种高深的智慧，所以雅典人也开始用"智慧"这个词称呼他了。

伯里克利的客人都是勇敢的新人，他们对自己老一辈的人所信仰的事物敢于怀疑。他们习惯用推理去检验一切事物。而主人伯里克利则是尊重人的智慧高于一切的人。假如一些迷信胆怯的人参加了伯里克利的宴会，他们一定会非常害怕，他们不敢相信居然有人认为太阳和月亮不是神。那些迷信的人一定会恐慌地不敢走出大门，他们认为太阳神听到这些大胆的话肯定已经被激怒了，会朝人们射过来愤怒的利箭。

健谈的老师曾经用自己在战争时期的经历来教育学生。那一天，伯里克利准备了150艘满载着战士的战船，他也登上了正要起锚的船。就在这时发生了日食，天变黑了。大家异常紧张害怕，都认为这是个不吉利的兆头。但是伯里克利是阿那克萨哥拉的杰出学生，他看见这种情景，他立刻走到因为害怕而不能起锚的舵手面前，用自己的斗篷蒙住了舵手的眼睛，然后问道："你看了这个斗篷害怕吗？"舵手回答道："不害怕。"伯里克利接着说："斗篷和造成日食的东西是没有什么区别的，只不过那个东西比我的斗篷大得多而已。"

夜里，月光照射在高大的悬铃木树上，树上开满了白色的花朵。宴会结束了，阿那克萨哥拉独自穿过寂静的城市街道，慢慢走在回家的路上。远处，城墙环绕着的卫城，像一个黑色的巨人矗立在雅典城上空。诸神就住在不远处的山丘上，那儿是诸神的庙宇。在那里，帕拉斯雅典娜[1]的手伸向天空，高举着她镀金的长矛。

1　帕拉斯雅典娜，她身披铠甲，曾和海神波塞冬战斗取胜，是雅典城邦的守护神。

▲ 壁画《劳作的奴隶们》

整个城市都在梦乡里，市场上空空荡荡。阿那克萨哥拉停住脚步，无意中仰头望向天空，他看到弯弯的月牙。他继续凝视着，现在月牙边上有锯齿的形状，在银色的月亮表面，出现了山和谷的暗淡影子。阿那克萨哥拉用新的眼光凝视天空，天空仿佛也与以前不同了。从前，他曾经想过，月亮离人们并不远，他感觉到这张银光闪闪的狩猎女神[1]的弓就悬挂在很低的空中。现在，他清楚这张弓实际上是被悬挂在那遥远的夜空中了。

天空如此空荡。传说在这空荡的夜空中，安德洛墨达乘坐着飞马逃走，而帕尔修斯[2]则准备用长矛杀死巨龙。是否海洋空间已经伸展到这个地方？世界的岛屿有没有在这中间闪烁？在这个无限的世界上，肯定有东西居住在上面。阿那克萨哥拉一边思考，一边沿着无人的街道继续前行。

月亮照耀下的雅典城，清晨到来了。公鸡第一个醒来，它们高昂着头颅，发出的第一声鸣叫，唤醒了那些辛劳的人们。在低矮的房子里，织工、修理工和陶工忙碌地在黑暗中为一天的工作开始做准备。鞋匠点上油灯，拿起锥子，他拼力想在日出之前做好一双鞋，那样他就可以有钱来买一些大麦粉。武器匠在黑暗的作坊里忙碌着，火星四溅；奴隶们使出全身力气拉动风箱，为了使熔炉里的火烧得更旺一些。

1　希腊神话中的狩猎女神是阿耳忒弥斯，另有一种说法是月神塞勒涅。
2　在希腊神话中，安德洛墨达是埃塞俄比亚公主，她的母亲夸奖她的美貌，由此触怒了仙女。因而仙女请海神用洪水淹没埃塞俄比亚，并派出海怪进行骚扰。安德洛墨达的父母为了避免灾祸，准备把她献给海怪。幸好英雄帕尔修斯乘坐飞马路过此地，杀死海怪，救了安德洛墨达。现在北天星空中的仙女座，就是安德洛墨达，英仙座的原名就是帕尔修斯。这些都是根据希腊神话命名的。

女主人在叫醒她的女奴们，她根本不知道这些女奴们原来的那些野蛮名字。女主人叫她们"亚细亚"或者"叙利亚"，因为这是他们的出生地。"亚细亚！叙利亚！色雷斯！都马上起床，你们应该开始工作了！"于是，冗长的、单调的推磨声从所有的院子里传出来，这是妇女们正在研磨谷物。这些推磨声就像病人在呻吟，使人联想到白天繁琐的事务，她们的忧虑是解决孩子们的温饱。谷子还有没完全磨好，而孩子们已经起床，他们要吃东西了。

农夫们从四面八方进城了，他们有的背上背着装满谷物的口袋；有的肩上挑着装满了货物的担子；有的筐子边上挂着串串葡萄，新鲜的葡萄还带着露水的光芒。天越来越亮，空荡的市场上人越来越多，商人们支起他们的帐篷，摆好他们的货物摊。钟声敲响，第一响，第二响，第三响，市场上一片繁荣的景象……

阿那克萨哥拉悠闲地在市场上逛着。这个在夜晚神圣宁静的城市，白天却是如此喧闹，这边有个卖橄榄的人，他双手捧着盛满橄榄的篮子，努力提高嗓门，头向后仰卖力地叫卖他的货物。在众多商人中，他竭尽所能地赞美他的货物，让人听了都想品尝他那美味的食品。他的喊声吸引了一位过路的骑士，骑士用一只手控制他的马匹，另一只手从头上摘下铜盔。只花了一个奥波拉（也就是五分钱的银币），卖橄榄的商人就在骑士的铜盔里装满了新鲜的橄榄。

可是，我们可怜的阿那克萨哥拉通常是连这一点买橄榄的钱都没有。曾经，他也有过自己的橄榄树，有过大片的田地和葡萄园，但在阿那克萨哥拉年轻的时候，他就毅然决定离开他的田地，因为他要把全部的精力都贡献给自己唯一的事业。他不愿众多的俗事干扰他最重要的事情——探求真理、纵观世界。如今，他的田地已经荒芜，耕犁已经生锈，成群的山羊和绵羊在他的田地里吃着杂草。

智慧的古人

伟大的颂歌

▲ 赫拉克勒斯柱子

曾经，人们认为他们的河是世界上唯一的一条河。后来当他们走到了赫拉克勒斯柱子[1]，走到了海洋的大门口时，他们又认定"洋"是环绕整个世界的一条大河。他们给这条大河起名叫"洋河"，如同他们的祖先第一次看到狮子，就管它叫作"大狗"一样。随着时间推移，人类的眼界越来越宽广了。人们知道世界上还有很多的海，无数的河，但他们还是认为大陆只有一块。往远处仔细看，他们看到天空中还有另外一番世界。但他们认为，辽阔的天空就像是无边的大海，而这大海中的岛屿的真实面目就是龙、蛇、飞马等怪物。

如今，人们正在设法通过人类的思想来穿越那条世界的界线，那条把地和天隔开的界线。求知的人们需要利用智慧去擦亮自己的双眼。他们用眼睛努力辨识离天空最近的岛屿上的山峰和峡谷的轮廓。于是，阿那克萨哥拉说：月亮上面也有土地，我们所存在的这个世界不是唯一的世界。

人类在通往无限的路上越走越远。第一次在宇宙空间游荡，人们还分不清大小远近。从前赫西俄德以为，如果从天上扔下一个大铁块，它会在空中

---

[1] 赫拉克勒斯柱子是指直布罗陀海峡两岸的岩石。希腊神话里的赫拉克勒斯，就是罗马神话里的赫丘利，所以这些岩石也称作赫丘利柱子。前面所说的美尔卡斯柱子也是指直布罗陀海峡两岸的岩石，是腓尼基人命名的。

飞行9天9夜，才能到达地面。但是现在，人们已经知道，恒星离我们非常遥远。不过，在这个连山的高度都无法测量的年代，更别提测量恒星到地面的距离了。当时的山在人们眼中，比实际上高很多，因为那个时候，没有人到达过积雪的山顶。阿那克萨哥拉说，太阳比伯罗奔尼萨半岛还要大。虽然他的测量不正确，他是用地上的尺度测量天空。但是，他毕竟已经开始测量了。他想知道，究竟是月亮离我们近一些，还是太阳离我们更近一些？他想，月亮能在日食的时候，遮挡住太阳，所以应该是月亮更近一些，太阳就像一道划过天际的闪电，照亮了天空深处。

在地上，人们把自己所能接近的世界的边界扩大了。矿工探入地下很深的地方，去开采银矿和铁矿。在那幽暗的矿坑里，点着黏土烧制的油灯，照亮着坑壁上阴暗潮湿的突起部分。油灯里的油，足够燃烧十个小时，如果不是这样，在地底下人们连计算时间都不可能，因为那里永远是黑暗的。从前，矿石必须要用人背着运到地上去，现在木质的绞车可以承担这个工作。矿石也不再放到熔坑里去熔化了，人们现在用熔炉熔化矿石，因为这样可以冶炼出更多的铁。

人类正在逐渐征服陆地和海洋。水手们在海浪之间航行，从非洲运出象牙，从高加索的山里把沉重的木头运到雅典，从克里木运来公牛和小麦，从科尔喀斯[1]运来白蜡，从阿拉伯运来香油……人们按照自己的意愿改造土地。有些地方，人们开挖运河；另外一些地方，人们建设石头大堤来改造海岸。他们把这道大堤叫作防波堤，防波堤建筑在很深的地方，那个深度，即使10个人依次站在下面一个人的肩膀上，最上面那个人还是不会露出水面。

在城市附近，人们选择那些适宜的小土丘，把它建设成露天大剧场，在岩石上凿出台阶和座位。这样的剧场足足可以容纳3万人，而且即使每个座位都坐满了人，依然不会显得拥挤。人们把曾经躺在地下的大理石也征服了。为了祭祀神而修建的庙宇，每根圆柱都是大理石的，它们无声地赞美着人们

1　科尔喀斯是古希腊神话中的一个地名，在前苏联格鲁吉亚西部的一个地方。

的劳动。经过了成百上千年，雅典人已经不再信仰宙斯神了，但是人们依旧敬重他们的造型艺术和他们的庙宇。

在漫长的几千年时光中，虽然乌云很少造访希腊，但是希腊还是会偶尔经历暴风雨和坏天气。历经岁月的风风雨雨后，彭泰利昆山[1]出产的大理石圆柱发黑了，由白色变成了棕色。虽然有的圆柱还伫立着，但是上面的柱头已经没有了。还有一些甚至已经倒塌，碎成了千百块石头。但是那些柱子并不是被自然界的狂风暴雨摧毁的，而是被人类历史上的那些战争、动乱推倒的。敌人军舰射出来的生铁炮弹，一颗产生的巨大破坏力，足以抵得过许多世纪自然的破坏。但是，残破的庙宇还是会给人无限的生命力，好像它们从来没有衰老过。

破坏的力量是巨大的，可是建设的力量更伟大。当人们在经历过许多世纪之后，还能看到那些残留下来的神像时，肯定会感叹人类的伟大。破坏者的名字将被人淡忘，而那些曾经思索真理、创造建设这些建筑的人的名字，将永远留在人们的记忆里。那些伟大的创造者，他们的伟大之处就在于此！

在雅典狄俄尼索斯[2]剧场，上千观众坐在那些在岩石上雕刻的台阶上，他们认真观看埃斯库罗斯、索福克勒斯和欧里庇得斯[3]创造的英雄们的事迹。不论是埃斯库罗斯的《被缚的普罗米修斯[4]》，还是索福克勒斯的《安提戈涅》，或是欧里庇得斯的《伊芙琴尼亚[5]》，观众总是被剧情所感染。无论观看哪一出剧目，他们关注的都是同一个问题：谁能最终获胜？命运的力量和人的意志相比孰优孰劣？艺术可以开阔心灵，它具有伟大的力量。人们学会不再仅

1　彭泰利昆山在雅典东北方16千米处，那里出产著名的大理石。
2　狄俄尼索斯是希腊神话里的酒神，古希腊人在祭祀他的时候，通常表演合唱和舞蹈，这也是希腊戏剧的起源，所以雅典的剧场也用他的名字命名。
3　埃斯库罗斯（公元前525～前456年）、索福克勒斯（公元前496～前406年）和欧里庇得斯并称古希腊三大悲剧作家。
4　普罗米修斯是希腊神话中造福人类的神，他去奥利匹斯山偷来火种，带到人间，因而受到酷刑。
5　伊芙琴尼亚是希腊神话英雄阿伽门农的女儿。她因为父亲触怒了猎神阿耳忒弥斯而甘愿代替父亲接受惩罚。

▲ 狄俄尼索斯剧场遗址

仅为自己,而且还为了别人着想。人生不是只能过一种生活,还可以有许多种生活。

看,赫菲斯托斯用锤子把巨人普罗米修斯牢牢地钉在了山崖上。普罗米修斯冒着生命的危险,把天上的火种偷下来带给地上的人们。可宙斯却把他钉在高加索的悬崖之上,不过他没有对宙斯神和诸神所指定的规则屈服。当观众看到俄狄浦斯和安提戈涅[1]受难的时候,都陷入了悲伤之中。安提戈涅在牢狱里,她埋葬了她的一个有罪的兄弟,被判死刑。她的牺牲是为了爱。无论用哪一条法律,都不能把爱从她的内心夺走。

成千上万的观众,注视着这些人类自由的意志与残酷命运和权利之间的斗争。当合唱队唱起赞歌歌颂人们的时候,人群中充满了喜悦的氛围:

> 大自然蕴含着许多神奇的力量,
> 但是没有什么比人更加强大。
> 他勇敢地在浊浪排空的大海上航行,
> 虽然这时候是寒冷的冬季,还刮着凛冽的寒风。
> 每年他都用犁挖开沟渠,
> 好像在地球的胸膛之上。

---

[1] 索福克勒斯写作的悲剧《俄狄浦斯王》和《安提戈涅》中的人物。俄狄浦斯是希腊神话中底比斯的国王,他无意中弑父娶母,得知真相后自毁双目,流浪致死。安提戈涅是俄狄浦斯的女儿,她因为违抗禁令被囚禁,王子海蒙和她相爱,赶去营救之前发现她已经自尽,海蒙也随后自杀。

智慧的古人

他还用网捕捉鸟儿，

也捕捉在深渊中游泳的鱼。

他曾经驯服过长鬃的马匹，

也能把轭具套在公牛粗壮的脖颈上。

他不畏惧严寒的冷箭，

也不怕暴雨从天上倾斜下来。

他找到了草药治疗疾病，

只有死亡才是不可逃避的，

他创造的思想和语言快过风。

他建造城市，制订法律，

为了抵御胆大妄为的人。

他的希望并不多，而是富于智慧和精湛的技艺。

是的，人类是非常有力量的，人类自身也认识到了这一点。

在以前，人类的命运被大自然支配着。大自然皱皱眉头，人类就吓得瑟瑟发抖；大自然提高嗓门，人类只有跪拜在它面前；大自然吹一口气，就足以吹灭人类的炉火，也可以把人类的小茅草房吹得四处飞散。当时人类只好每天许愿，祈求大自然的帮助，请它手下留情，不要让人类挨饿受冻。

但是现在不同了，人类已经开始成长了，人们学会和大自然作斗争，去争斗谁是谁的主人。有人写了这样的诗表达了人们的进步：

当自然想征服我们的时候，

我们却用本领征服了它。

人引导水去灌溉农田，利用风推送帆船。人还使用火去熔化铁，让土地供给我们食物和美酒。人们可以阻止冬天的严寒进屋，也不许风暴闯入有防波堤的港口。

以前，人只有遵从神的意志，从没有自己的意志。如果祭司说让人们献出自己的女儿，人们就会捆住她的双手、堵住她的嘴，而对她的颤抖、挣扎视若无睹，人们把她高举上祭坛。如今，这些都已经变成过去的事情了，古代的信仰开始被人们自由的意志征服。在舞台上，阿伽门农[1]把他的女儿伊芙琴尼亚献给神，合唱队却唱道：

▲ 阿伽门农的面具

可爱的公主，你的灵魂是那样的崇高，

而女神和命运，他们都是邪恶的。

伊芙琴尼亚是无辜的，她被颂扬了，代表"恶"的女神阿耳忒弥斯受到了这样的批判："如果诸神不公正，那么他们就不算是神。"

在以前，人们服从首领的权威。身份低微人的命运无论被怎样的判决，他们只有遵从却从来不敢反抗。如果他在会议上敢于站起来讲话，首领会立即让他闭嘴，而且还会用东西打他。

如今，人们有选择自己首领的自由，如果人们觉得首领不胜任，就会终止首领的权力。当然，这里所说的人们，只包括那些自由的公民，不包括奴隶。奴隶虽然在人数上比自由公民多得多，但他们还是没有任何权利的。雅典的人们常常为他们所获得的权利而自豪。这种自豪感，使他们无论在打仗的时候，还是和敌人在战场上相遇的时候，都能使他们力量倍增。

1　阿伽门农是希腊神话里的迈锡尼王，他发动了特洛伊战争，并被选为希腊联军的统帅。在战争结束并取得胜利后，被自己的妻子所杀害。

智慧的古人

伟大的哲人

▲ 德谟克利特

人类在探究真理的道路上慢慢行走着，在思想的高山上继续攀登。终于到了这样一个时期，人认清了自己周围世界是无限的。还认识了世界上最小的微粒是原子，上到天上的星星，下到地上的沙粒都是由原子构成的。第一个把这件事解释给我们听的是伟大的哲人德谟克利特。

传说他出生在色雷斯的阿布德拉城，父亲是备受人尊敬的达马西普。有一次在行军打仗的时候，波斯国王泽尔士[1]借住在达马西普的家中，陪同国王的人中，有许多学者和术士。达马西普是个非常好客的主人，国王感谢他的好客，在离开的时候，慷慨地留下了9个术士，这些人以后就教达马西普的孩子们学科学。这些波斯术士，就是德谟克利特幼年时期的老师。这也是达马西普对于许多事物的看法与其他希腊人不同的原因。术士告诉他，信神的人都是傻子，世界只有大小两个，大的是宇宙，小的是人。

从这些老师那里，德谟克利特也接触到印度哲人的学说：万物都是由点构成的，由点组成直线，直线构成平面，平面形成物体。他还有另外一个老师，

---

1 波斯国王泽尔士一世（公元前519～前465年），在位21年。曾经远征过希腊。

这位老师把希腊科学巧妙地透露给了他,这个老师叫留基伯[1]。从他那里,德谟克利特了解到米利都哲学家认为物质是世界的基础。

达马西普去世之后,德谟克利特成了这个城里最富有的人。他的父亲给他留了一大笔钱,足足有1000塔兰特,这个数目足够他享受一生的荣华富贵。同时,他也曾经被选为执政官,使用的钱币上都刻着他的名字和竖琴的图案,这表示对他的尊敬。在这样的条件下,他是可以踏实地待在家乡,享受自己的荣华富贵和所拥有的权力。但是德谟克利特没有留在故乡,他选择了四处游历,去寻找知识。"对于有才能的人,整个大地都是开放的"。

他把自己生命中的很多岁月,都花在了去各处的旅行上。他去过埃及、巴比伦,跟埃及的祭司谈过话,也跟巴比伦的术士交流过,还跟印度传授学问的老师一起探讨过。不过,他最重要的老师还是大自然。他说:"跟我同时代的人相比,我去过很多的地方,研究了最远地方,看到了宇宙中最广大的空间,聆听了诸多著名学者的谈话。"

他把所有的钱都花在了周游四处的旅途中,他的旅行不是为了经商赚钱,而是为了做研究。他的钱越用越少,在去波斯和埃及的路上,他花光了父亲留给他的所有的钱。当他回到故乡的时候,已经成了一个身无分文的人,为了生存,他只能投靠他的兄弟。

阿布德拉的人们对此非常不理解,甚至十分恼火,他们感觉自己曾经那么尊重德谟克利特,居然那么轻率地就把自己的财富挥霍一空。据说,德谟克利特还被告上了法庭,当他站在法官前面时,他出示了一个很大的纸卷。他不是为自己做辩护,而是开始宣读他的著作。这篇著作叫作《大第阿科斯姆》,是大宇宙体系的意思。

最初,法官们对他的举动感到莫名其妙,这本论述宇宙的著作和法庭有什么关系?控诉案件和宇宙的产生和构成没有丝毫联系。德谟克利特在众人面前展开了一幅宇宙的图景,这是一幅多么美妙和壮观的图景啊!它竟然使

---

1 留基伯(约公元前500~前440年)是古希腊唯物主义哲学家,创立了原子学说。

原告们忘记了法庭和他们的控诉。

等到哲人读完之后,法官们最后判决,德谟克利特没有违反城里的任何法律和任何的风俗习惯,他是无罪的。虽然,他花掉了所有的钱,但是他从旅途中带回了另外更加宝贵的财富,那就是知识。他带回的这种财富是从前任何一个阿布德拉航海家归来带回的财富都不能与之相比的。法官们还判给了德谟克利特500塔兰特,而且还宣布,要为他立起一座铜像,等他百年之后,还要替他举行公祭。

德谟克利特又有钱了,他还想继续做更多的研究,还是想把钱用在知识的寻求上面。

他又一次出发了,他去了雅典,在这个城市里,有许许多多著名的科学家,这里的人才和信息比其他任何城市都要丰富。当时阿那克萨哥拉、苏格拉底和许多别的哲学家都在这里传授学问。德谟克利特曾经以为,他的著作一定早就传到了雅典,但他到了那里才发现,雅典人对他一无所知。他知道苏格拉底,可是苏格拉底不认识他。于是,他拜访了阿那克萨哥拉,但是这个老头子却不同意吸收德谟克利特进入他们的朋友和学生的圈子。因为阿那克萨哥拉觉得这个来自阿布德拉的年轻哲学家胆太大了,也太狂妄了,他居然不相信有"至高智慧"的存在。

德谟克利特认为世界是永生的,世界的存在完全用不着那个"推动世界的至高力量"。既然世界是永生的,那么运动则既没有开始,也没有结束,那么讨论是什么让事物开始的,就是没有意义的事情。德谟克利特认为,阿那克萨哥拉的见解毫无新意,老哲学家们也不允许德谟克利特加入他们的组织。然而,有一些青年人却认真地分析德谟克利特的每一句话。

德谟克利特说:"把水倒进空的容器中,然后把容器密封放在火上烤,水会把容器撑爆。"这是什么原因呢?因为水和世界上任何其他的东西都是由极小的微粒组成的,这种极小微粒叫作原子。因为它们太小了,我们用肉眼是看不见的。我们怎样才能了解它们呢?既然我们的视觉看不到如此微小的东西，所以我们只能靠听觉、嗅觉、味觉和触觉来感受它们，只能靠智慧来触摸它们。

我们看到了密封的容器在火上爆裂，于是，智慧引导我们寻找答案：发生这种现象的原因是水原子因为被加热而分散开来，挤破了限制它的容器壁。我们不明白的还有，庙宇中金像的手为什么逐渐消瘦了变小了？智慧也能帮我们找到答案：当礼拜者的嘴唇虔诚地亲吻金手的时候，肉眼看不见的黄金的原子就会脱落下来的，日复一日，金手就会逐渐瘦小。就这样，明显的现象让我们能够把目光投向微观的事物上。

老师在讲述，学生们跟着他的思路，把目光转向原子的世界。在那广大而辽阔的空间中的某个地方，原子在一刻不停地飞驰。同样的，原子之间也是互相吸引的。物以类聚，就像鸟儿分群，鸽子和鸽子在一起，鹤和鹤在一起一样。引力使原子的路径发生改变，引力使它们开始旋转，就像被风扬起的沙粒，或是水中漩涡里的木屑。我们知道在漩涡中，重的东西会被卷入中间，轻的东西会被抛出来。原子的世界也是这样的吗？是的，质量重的原子落入世界漩涡的中间，质量轻的原子则被推到边缘去。

德谟克利特解释说，原子的行为就跟在广场上的人群一样。广场上人少的时候，人们没有障碍，可以随意走动。但当人多的时候，人们就开始拥挤和吵架了。有力的能战胜无力的，弱者最后只能被挤出去。

那些正好落在世界中心的原子构成了大地，它们的周围是比较轻的水的原子，更轻的空气原子远离中心，在距离中心很远的地方。水原子试图向大地的中心靠拢，在移动的过程中，就把地表的两个深坑填满了。一个坑是周围有很多人居住的地中海，另一个坑在地球的另一边。那里也应该有很多人居住，和这边的人脚底是相对的。大地一刻不停地改变着。水慢慢被蒸发掉，海底裸露出来。如今，我们还可以在地面上找到贝壳的化石，或者在山洞里找到鱼和其他海洋生物的遗迹，这些就是很好的证明。

天体飞快地运动着，它们的速度快到不停地燃烧，永不熄灭。在天体外

▲ 德谟克利特表达他的地球观

面也有别的世界，其他的天体。这里你永远没办法找到两个一模一样的世界，同样的道理，在地球上我们也不可能找出两个一模一样的人来。

大地在飞驰旋转，旋转途中，它有可能遇到巨大的石头，这些石头是闯入了地球的别的星球的碎块。它们和大地一起旋转，慢慢地各种天体形成了，太阳、月亮和星星出现了。这些天体离地球越远，它们旋转的速度就越快，温度也就越高。同样，人们过去为了取火，常常会把一根小木棍插到木头孔里，快速转动，它就会燃烧起来，也是这个道理。

一个世界是阴森黑暗的，没有任何的光亮，看不到太阳和月亮。而另外一个世界拥有太阳，到夜里天上升起了一盘明月。一个世界像春光一样明媚，另外一个世界却像严冬一样凋敝。许多世界彼此争斗，彼此补充，此消彼长。那些较大的世界会取得胜利，较小的世界会被撞碎消失。这些被撞碎的碎块又会重新创造新的世界，新的大地和太阳又会诞生。

有人问，地上的生物是怎样产生的呢？德谟克利特是这样回答的。他说，当大地从炙热慢慢冷却的时候，冷却到还不太坚硬时，地面鼓起许多大泡。这些泡泡的开裂，好像花蕾绽放一样，从这里出现了许多生物。

那些含有重原子比较多的生物，就住在陆地上。身体里水原子多的生物，就进入水中。而那些含有更多轻质量的空气原子的生物，则变成了有翅膀的生物，飞在空中。这些最初的生物，有许多已经灭亡了。那些幸存下来的，都是靠了它们的智慧和勇气，有些还要依靠快速地移动，才得以保存自己，留存下来。

在古代动物之后，人类产生了。

最初的人类和动物一样，光着身子，没有住处也不会取火，随时都会死亡，时时都在为寻找食物果腹而发愁。单独出外寻找食物，对于他们来说是非常困难的，而且也是危险的。他们可以吃的是植物的茎叶和树上的果实。可见，人类最初的日子，并不是传说中描写的黄金时代，那时候的人类，遭受过许多痛苦，许多体质弱的人死去了，只有体质强壮的人才得以生存下来。

▲ 德谟克利特和普罗泰戈拉

因为经常遭受野兽的袭击，人们开始学会互相帮助，协助合作。经历了过去的苦痛严寒，一到冬季，人们就会躲进洞穴里去，并且把耐储存的果实贮藏起来以备在漫长的冬天食用。更重要的是，人们还学会了用火取暖和食用熟食。后来又逐渐产生了手工业，人们向蜘蛛学会了纺织，向燕子学会了建筑房屋，向夜莺学会了唱歌。人们的技艺和新发现并不来自神，而是来自人类自身的需要。有了需要，才有了学习，有了学习，才有了人类的各种技艺。人们团结在一起，和野兽作斗争，和大自然作斗争。

但是好景不长，不久，人和人之间出现了争斗。原因是相互的嫉妒和占有欲，人们试图夺取他人的所有。为了减少人们之间的争斗和弱肉强食，法律出现了。每个人都要服从法律的约束。我们知道原子组成物质，公民组成国家。原子要服从物质的规律，它和整个物质相比，就不算什么了。那么，人当然也要服从人类的规律——法律了。

▲ 赫拉克利特和德谟克利特

德谟克利特说，这就是为什么国家的大事重于其他一切事情的原因。每个人都有责任让自己的国家变得美好，公民不应试图获取不属于自己的荣誉，不应该争取不属于自己的权利。国家的最大支柱、最根本的支柱是走在正确的道路上，这是一切的基础。国家安宁，人们的生活才能安宁；国家灭亡了，人们的一切也必将灭亡。平等是最好的，民主国家里的贫穷也比专制国家中的财富要多 1000 倍，这就如同做自由民众比做奴隶好是一样的道理。

就这样，德谟克利特向人们解释了世间万物的产生过程，大地、太阳、海、山，以及人类法规的产生都和神没有丝毫关系，这些只是不可避免的因果推动。这些就是德谟克利特的观点。

学生们把他的学说和别的哲学家的观点相比较，其中有泰勒斯、阿克那西曼德、恩培多克勒的观点。他们知道泰勒斯曾经讲过物质；阿那克西曼德说过物质是无限的；阿那克西米尼提出过"空气微粒"；恩培多克勒提出过"元素"；阿那克萨哥拉提出过"物质种子"的思想……那些研究自然界的人，他们的研究越来越接近关于原子的思想了。现在米利都的科学家留基伯和他的继承者德谟克利特终于创立了原子说，这是关于宇宙间永恒运动的伟大发现。

学生们听着他的讲述，和他一起走在通往恒星和原子的道路上，这个学说在很长一段时间内把人们成功地引向宇宙的方向……

先进的 和 过去的

在以前的某段时期,人类一直以为世界的范围就是本国河流的流域所限之内。后来人们感觉,如同蛤蟆生活在池塘周围一样,世界就是大海,人们都住在大海的周围。再后来,当人类的世界变宽广时,人们发现,世界是个巨大的球形。而现在,人们终于得知,世界上有无数个像地球一样的球形了。

人在朝世界的两个方向前进——恒星的大世界和原子的小世界。

德谟克利特一直在寻找物质的最小微粒。他现在当然早就不认为沙粒是世界上最细小的微粒了。他见过人们怎样把大块儿的石头敲成碎块,也知道如何把谷粒研磨成细面。庙宇中神像的金手指都能因为嘴唇无数次的碰触而逐渐被擦掉。他明白那些最小的微粒是如何从物体上脱离的。

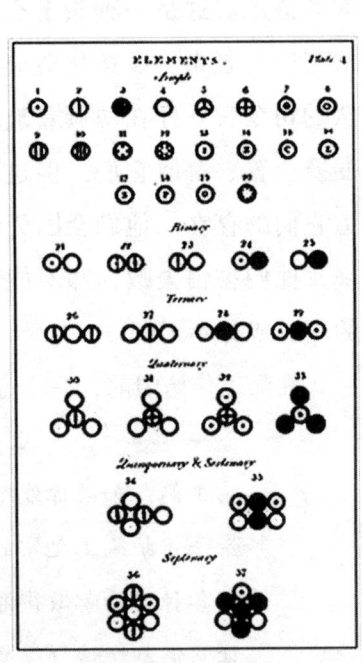

▲ 留基伯和德谟克利特已经看到了原子论

于是新的疑问又产生了,如果把物体不断细分,那最后将得到什么呢?大石头分解成小石头,小石头分解成细粒,分解到什么地步是完结呢?那时候,人们很难理解物质深处的路如何通向无限,人们无法理解这条路没有尽头。所以他判断,必然存在一种无法再分的微粒,他称之为原子[1],意思就是不可再分的。他说,是原子构成了世界上的一

---

1 原子这个词在希腊文中意思是不可再分。

智慧的古人

切物质。

　　人第一次思考进入一个不可解的领域里去，猜测到了任何一种可见的东西，其实都是由不可见的东西组成的，好像建筑物是由看不见的砖头垒起来的一样。

　　那么，现在我们所说的这个"人"是谁呢？是全人类吗？不，这些人只是很少数的几位思想家，在当时，普通人还很难理解他们的思想。他们虽然有一些学生，但这也只是很少的一群人。周围广大的群众，那些农夫、手工艺人和奴隶们，他们连"哲学"这个词可能都没听说过呢。而此时，科学家中的科学家——留基伯和德谟克利特已经能够看到原子了。

　　在同一时期的雅典城里，所有陶工、玻璃匠，都还在自己的作坊上挂着萨提尔。这是一种头上有角的半人半羊的神，人们认为这个神能将恶魔从窑边上赶走。在熔化玻璃或者烧造陶器时，工匠们工作时，就像指挥部队的司令官一样在协调着玻璃或者陶器的原子。工匠们让它们排列整齐、变换位置、解散它们。但这些工匠却不能看到他们的"战士"，甚至不知道它们的存在。他们会因为制作的作品成功而喜悦，却不明白成功从何而来，他们害怕失败，却不能阻止失败的发生，这一切都是因为他们对物质的内容成分不了解。

　　在陶工作坊门前，一个穷苦的流浪歌手唱出一支古老的歌：

　　　　陶工们，如果你能给我钱，我会给你们唱支歌。
　　　　亲手守护陶工之窑的雅典娜，倾听我的祈祷吧！
　　　　让各种器物都做得溜光，
　　　　让它们都烧造得漂亮，
　　　　让它们一拿到大街的市场上就卖光，
　　　　让它们为你赚一大笔钱，
　　　　让主人为了感谢我的歌唱，赏我一点钱吧！

作坊里的人都在侧耳倾听他的歌唱。陶工停止了正在做碗的旋盘；青年停住了肩膀上还扛着一袋煤的脚步；奴隶也停止了搅动煤炭的双手。静静地听歌手唱歌。此时那个头秃驼背的主人高举起了木棍："奴隶们，你们在干

▲ 手工作坊

什么？你们想挨棍子了吗？"歌手站在门口，对那个主人的言行非常不满。他想，看这个老头子的样子，估计连一个奥波拉都不会给我，于是他临时改变了歌词：

    如果你们的脸皮够厚，想欺骗歌手，
    我立刻能把陶窑的全部敌人叫来，
    看吧，来了狡诈的摔碎神、裂缝神、炸罐神和潮土神，
    看吧，那个在技术界闯了很多祸的涅土神！
    让陶窑和房子一起被砸烂，把它们掀个底朝天！
    把一切都毁坏掉！让陶工们去叫苦吧！
    陶窑会像马咬东西一样咯吱作响，
    所有的瓶罐盆钵都摔个粉碎精光！
    还有你，巫术女王喀尔刻[1]，你是太阳的女儿，
    给主人一杯毒酒，让生意和工匠们一起完蛋！

---

  1 喀尔刻是希腊神话里的人物，她作为太阳神的女儿，会巫术，居住的小岛位于地中海上，人们在海上受她蛊惑，会变成牲畜或猛兽。

智慧的古人

还有统治主喀戎[1]，把你的那些肯托洛伊带来吧！

包括那些躲过赫拉克勒斯神腕的和那些挨过打的，

让周围的一切都被踏坏吧，让陶窑也哐啷啷地坍塌！

让他们悲哀地呻吟着，看看这凄惨的场景吧！

陶窑的主人当然不愿看到怪物肯托洛伊的出现，他担心这个可恶的歌手的咒语万一会灵验，驼背老头儿十分不情愿地从怀里掏出一枚硬币丢给了歌手。可见，跟德谟克利特同时代的一些人，还在相信咒语、魔法和巫术，就是在德谟克利特本人的著述里，也还遗留着原始信仰的痕迹。

德谟克利特不相信神的存在，但他却相信邪恶的眼睛。他认为，嫉妒的人能够用带有仇恨的眼睛去诅咒别人。当他还是小孩子的时候，他的波斯老师就曾传授给他巫术的秘诀。所以，他既否定神的存在，又相信占卜、先兆和解梦。

人们在几千年里收集了许多预兆，这些预兆中有正确的，也有不正确的。但是，人们并不是总能正确地分辨出对的或者错误的、真实的或者迷信的。正因为如此，迷信才得以一直流传。甚至像德谟克利特这样的著名哲人，虽然曾经跟迷信作斗争，但还是不能完全摆脱迷信的羁绊。他说："在古代，人们相信女巫能在天上摘下月亮和太阳，因此直到今天，许多人还把日食叫作'摘取'。"德谟克利特想方设法对此找到合理的解释，但是有许多地方，离真理还有很远的距离。

他想，为什么嫉妒的人的眼睛是邪恶的？是不是因为这样的眼睛里有邪恶的光，那种邪恶的光能射入我们的身体而伤害我们呢。为什么人会梦到吉凶？因为在梦中，恶或者善的形象渗进了我们的身体，这些形象并不完全是幻想，它使物体中的空气原子分离出来了。我们之所以能够看得见或者听得着，

---

[1] 喀戎是希腊神话中半人半马的肯特洛伊族的一只怪物名字，他曾经教导过许多英雄。

是因为原子进入了人们的眼睛和人们的耳朵里。

2400年之后的今天，我们当然感觉德谟克利特的许多想法太天真。我们现在知道，原子有着和德谟克利特的想法截然不同的构造。为了解释原子的规律，我们不可能拿它跟鹤作比较，更不

▲ 德谟克利特与原子核纪念邮票

能和广场上的人作比较，鸟或人的规律和原子的规律是完全不同的。

但是即便如此，我们现代的科学毕竟还是从德谟克利特的研究成果中演变而来的。如今当我们再次阅读那些保存到现在的德谟克利特的著作时，我们还能看到，在许多地方有一些宝贵的思想并没有被时间淹没掉。德谟克利特的原子不可再分，虽然并不是我们现在的可分或不可分的原子，但他已经给我们指出了肉眼不可见的微观世界的道路。运动有永恒性，宇宙有无限性，世界有多样性，只有最能适应环境的动物才能存活下来……这一类德谟克利特在很久以前就已经指出了的见解，我们在现代的科学中还经常采用到。

虽然他存在谬解，可他仍然是他那个时代最有见解的人，我们更不能因为这个就责备他。因为他毕竟属于他那个时期，属于那个离我们现在很久远的时期，他的民族和阶级以及他所处的时代决定了他的成就。

德谟克利特拥护奴隶主民主，他认为自由的民众应该享受自由，但是他认为奴隶就是天生没有自由的，"就像人类使用自己的手和脚一样"。他拥护平等，但同时他认为权利不属于一些人——那些在希腊城市里举行暴动反对贵族和富人的"平民"和那些"船民"们。

在原子世界中，地位属于强者。在国家里也是如此。穷人、下等人是不配拥有权利的，这是所有有钱的奴隶主的普遍想法，达马西普的儿子德谟克利特当然也是不例外的。

发展的困境

　　人类在通向自由、民主的道路上已经走了很远的路程，但如果现在谈庆祝还是为时太早了。人们把雅典叫自由人的城市，但就在这个"自由人的城市"，到处都是比自由人多得多的奴隶，他们要干所有的活，做饭、照顾孩子、在作坊里工作，还到建筑工地上干活。

▲ 把奴隶好像陈列商品一样给人们观看

　　在雅典的大街上，我们可以看到额头上有烙印的人，脸上刻着"我逃走，捉住我"的字句。市场旁边有一群穿着异国服装的人，他们站在高高的台子上，好像陈列的商品一样给人观看。人们像是指挥动物一样要求这些异国人跑圈子，还扒开他们的嘴看他们的牙齿，检查他们的肌肉……为什么在这个辛苦磨谷粒的女人脖子上，会有一只轮子呢？难道这些也是自由人吗？不，他们是没有自由的奴隶，人们为了防止磨面的女奴隶偷吃谷子，在她们的脖子上套了沉重的轮子。

　　当时一头牛的价格是50德拉克马，奴隶的价格大概有100~150德拉克马，比牛马稍高一些。人们如果想把自己的作坊卖掉，奴隶也会包含在财产之内：两个铁砧、3把锤子和5个奴隶。

　　在雅典，不是每个人都需要铁砧或者锤子，但人人都需要奴隶，因为奴隶可以当铁匠、当织工、当陶工或者当磨谷工人。当时雅典城中最有智慧的人都会说，没有奴隶是不行的，奴隶是"有生命的工具"。人无论做什么都离不开工具。对于水手来说，船上的舵就是没有生命的工具，而在船上日夜干活的水手，则是"有生命的工具"，奴隶是主人有生命的财产，是所有工具中最完美的工具。

在雅典，奴隶被认为是"有生命"的工具，这说明奴隶这种工具是有灵魂的、有意识的。这对于拥有这种工具的人来说是很好的事，但是如果这个工具自身认识到自己是个工具，他又会怎么想呢？铁砧感觉不到铁锤击打的痛苦，锤子也无所谓自由。可是人却能感受到自己所受的苦痛，而且也知道苦闷。奴隶对于自己遭受的苦痛感受越深，反抗压迫的意识就越强烈。锤子不会翻脸，反过来击打他的主人；铁砧不会半夜逃走，躲藏起来；可是人会，人有意识、能行动。终于，斗争出现了，在"工具"和主人之间，在有"生命的工具"和奴隶主之间。

奴隶们暴动了。他们逃出作坊、逃出采石场、逃离矿坑。因为那些在矿坑里干活的奴隶，注定早晚要死，他们的生活毫无希望。他们常年在黑暗的、憋闷的、恶臭的地底下干活，即使想要呼吸一口新鲜的空气，都是那么困难，简直像要在沙漠里喝口水一样难。奴隶们终于忍无可忍了，"工具"逃跑了，躲进了深山和树林里。

奴隶主在搜寻他们，最后又捉到他们。当时的人们为了标记自己的东西，都会在上面打个烙印做记号，所以奴隶主们也给自己的奴隶打上烙印。为了防止奴隶夜里逃走，还要用锁链

▲ 奴隶们暴动了

智慧的古人

锁住他们。箱子就是监牢，奴隶主把逃亡的奴隶关进他们的牢房——箱子里，在那里，人不能站直腰，也不能伸直腿。活人的身体就这样被奴隶主弯曲起来，好像他们真是铁做的，可以随意被弯曲，没有任何痛苦的感觉。为了防止奴隶们继续逃亡，而且使他们忘记自由的滋味，奴隶主还把他们两个两个地连在一起，两个人的脑袋挤入一个木枷，两个人的脚捆在一起。这样，如果只有一个人站起来，那么两个人都要跌倒。

这就是那些喜爱自由的雅典人的所作所为。他们是那么赞叹人类身体的和谐！他们在做这些的时候是不会明白的，奴隶制蕴含着多么大的风险，这个风险是对于雅典人、对于自由人来说的风险。为了获得更多的奴隶，奴隶主之间就需要发动战争，而这个代价是非常大的。有无数雅典的自由公民死在不断的陆战和海战中，而且每一次战争都给人类带来毁灭性的伤害。

奴隶越来越多，自由人却越来越少。许多自由的雅典公民从战场上回到家的时候，发现既没有粮食，也没有工作，这是一种普遍的情况。因为，谁都知道购买"有生命的工具"比雇佣工人更划算。作坊里每多一个奴隶，就少一份自由工人的工作，现在这些自由人变得贫困无比了。战争并不是对每个人都有利，战争使一部分人比以前更富有，可另外一部分人除了伤痛和残疾，什么也没有得到，只是变得更加贫困。

▲ 战争之后

在雅典，战争回来的自由人都变成了失业的人，他们的人数逐日剧增。他们除了拥有自由公民这个骄傲的称呼外，就一无所有了。他们每天必须要思考一个问题，就是在自由公民这个称呼下，能有几个奥波拉。如果赶上当天举行公民会议，那么自由公民就可以得到一点点钱。因为每次开会，政府付给每个自由人三个奥波拉，可怜的自由人可以用这点钱吃顿饭。就在会场上周围充满了演说声、口哨声、呼喊声和掌声的环境下吃饭。

但是，这种幸运的日子并不是常有的。那些自由人费尽心思想，今天会不会有新的演出呢？政府会发钱给来看戏的穷人吗？他们还想，今天戏院里会不会有更好的戏呢？是否把埃斯库勒斯的悲剧换一个更让人满意的戏剧呢？

今天没有演出，于是雅典贫穷的自由公民人奔向法院。在那里早就挤满了人，这些都是希望在抽签的时候被挑中成为陪审官的人。法院外的人拥挤着，向神祈祷着，希望自己可以幸运地被抽中。为什么人们这么希望当这个陪审官呢？因为当陪审官不仅是件荣耀的事，而且还可以领到三个奥波拉，还可以吃一顿饱饭。

可是命运不会总照顾一个人，不是每个人都能成为陪审官。于是这些贫困的自由人又有了新的主意，因为他们至少还有权利在法院当原告，于是，有些人把这也变成了赚钱的方法。他们用告发来恐吓别人，那些被恐吓的人就不得不出钱来摆脱麻烦。可是，这些诽谤的人还会厚着脸皮说只有他们才关心社会福利。

就像这样，自由的雅典人在失业之后，居然把"自由"也当成了职业。每天，大街上都有一帮人在徘徊，他们都是无所事事、饥肠辘辘、怨声载道的雅典自由人。他们皱着眉头，愤怒地看着那些午后在街上悠闲地散步的有钱人。

他们看到，这里有个身上喷着香水的贵公子，正走在赴宴会的路上，他穿着一件至少价值20个德拉克马斗篷，这些钱足可以维持一个人至少三个月的生活。他身后跟着的奴隶拿着折叠椅子，是为了方便这位贵公子随时休息。显然，像他这样的贵公子，手脚已经不会干活了。那边还有一个公子哥

智慧的古人

儿，他坐在轿子上，轻蔑地把后背朝向平民。他家里有数不清的钱，他的所有东西都是从外国买来的，并且是最贵的。他从罗得买来蜂蜜；从基齐克买狗；从图里乌姆订购香水；就连他家里糊墙用的纸，都是珍贵的波斯壁纸。他的工作，就是养着很多猴子，以供他随时玩耍取乐。

这就是建筑在奴隶制上的自由，这种制度把一类人变成失业的人，而把另一类人变成为无所事事的人。失业的人憎恨那些不需要工作却可以享受的富人。这里有两座城，一座充满了饥饿，一座却是饱食终日。

饥饿者的愤怒在不断积累，终于在公民议会上产生了骚动。如何才能让这种愤怒平息呢？为了平息自由贫民的愤怒，让那些失业的人去修建卫城的庙宇和城墙，自从有了奴隶之后，雅典人就认为劳动是奴隶才做的事，自由的雅典人已经不喜欢工作了，也不会自己工作了。那么，这样真的就能解决问题吗？

从前有人说过，神不爱那些游手好闲的人，神保佑那些爱劳动的人，人只有靠劳动才能换来财富。可是现在的人们却瞧不起劳动，他们说劳动伤害精神和肉体："如果人们整天干活，会形成驼背。他们没有精力去想国家大事，也没有时间振作自己的精神。如果肉体虚弱了，精神就会丧失自我的力量。"人是因为劳动才从动物变成人的，而现在雅典人却看不起劳动了。

头脑开始轻视双手，而实际上正是双手教会了头脑思考，这妨碍了科学的前进。现在，连那些最有智慧的人都不用实验室来检验思想了，手和头脑不再互相帮助了，而是相互脱离了。一些人只思考，另外一些人却只从事体力劳动。科学不愿意去研究机械学，因为那要用到手干活，而用手是奴隶们的事。但当人们建造堡垒、船舶和战争机器的时候，机械学就发挥了作用。所以科学家在解决机械问题时，就得特意声明，他们这么做只是为了消遣，或者说是为了国家的利益而不得不这样做。

人们原来想要统治自然、变成自由的人，现在的结果却像是死路一条。

哪里是出路呢？答案只有一个——消灭奴隶制度。人们不明白这一点的时候，是因为时机还未到。人们以前认为，奴隶制是必然的，古时候的神规定了这一点。

人们纷纷考虑，逃到外国去或许是一条出路。于是，港口出现了很多载满了移民的船。他们在海上回头张望自己曾经的房子，只见那些卫城脚下的房子一排排就像雏鸟挤在母鸟身边一样。他们遗弃了自己的房子。远离了城市，远处的庙宇上面帕拉斯雅典娜金色的矛现在也不再闪烁，连它也暗淡无光了。

▲ 卫城脚下的房子

人们在家乡没有了幸福，就自然而然地去海外寻找出路，因为在这里，他们自己以外，好像就再没什么可失去的了。结果呢？本来他们还有自己的祖国，现在离开家乡的自由人们，连祖国也没有了。由于城里的奴隶太多了，自由民众又失去了他们的故乡。

过去的历史和经验

人们开始回忆过去，思念以前那些"美好"的生活。那时，真理女神就在人们中间，可如今她却在高高的天上；那时，没有奴隶，人们也不分穷富；那时，人们在狄奥尼索斯节日时，都会优美地唱着赞美黄金时代的歌。

人们用这支欢快的歌曲描述地面上没有战争的和平年代。人们怀念那个和平的、能够给人们一切的大自然，怀念那个人间没有疾苦的时代。那时的人们能吃饱肚子，人们蒸出香甜可口的包子，还有炸熟的百舌鸟、鲜美可口的鱼。合唱队的歌声越来越高，他们重复着：

　　那时的世界上没有奴隶，
　　　也没人拥有过女奴。

人们都在回顾自己从前的日子，已经很难看清楚人到底是从哪里来的了。人们已经忘记了贫困的石器时代，他们认为那个时代很富有，他们管那个时期叫黄金时代。这些一生下来就生活在铁器时代的人，只能以歌颂来回顾以前的黄金时代。人们口中唱着那些愉快的歌，用来发泄着内心的不满。因为在如今的这个铁器时代，人们每天都不能吃饱饭，他们只好重复唱着歌曲里最后的句子：

　　那时的世界上没有奴隶，
　　　也没人拥有过女奴。

那些幻想并没有轻易消失，反而成了千百万人的信仰。信仰给人们注入了希望，人们就有了活下去的力量。幻想就是人们的旅伴，支撑、陪伴着人们走过那段漫长而艰辛的路程。人们仿佛看到黄金时代不是曾经

▲ 伯里克利召开公民议会

的过去时光，而是在前面不远的将来。人们希望走到那个时候，大自然将听从于人类；那时候世间也没有战争；那时候地球上的每个人都享有自由……

而现在，人们还是不得不生活在铁器时代。生活一天比一天困难了，雅典很不安全，人们不平的怨声越来越大了。人们经常回顾过去，他们觉得，不要说黄金时代，就是祖父和曾祖父的日子也比现在要好得多。

"雅典自由"的敌人每天重复着这些话。"奥林匹斯山"伯里克利也许能感到，在召开公民议会的日子里，想要压制这种普尼克斯山[1]上的咆哮，简直比压制大海上的波涛还要困难。

伯里克利出身贵族，但是他却选择站到平民那边，支持那些织工、陶工和制革工人。所以，他成了许多贵族的敌人，贵族们都不喜欢他。而古代首领们的后裔都憎恨那些聚集在普尼克斯山的吵嚷的人群。当贵族企图重新把政权夺到自己手中的时候，他们被人们的力量打败了，人们要求放逐他们。人们把他们的名字写在陶器碎片上，假如大多数碎片刻画出了"放逐"两个字，那么这个被判决的人就必须要离开雅典十年。

可是，还没等别人把这些贵族们赶出雅典，他们就自己离开了。他们想

---

1 普尼克斯山是古希腊雅典城邦公民举行会议集会的地点。

回到古代,他们去了那些古代风俗和思想还在盛行的地方。在山坡那边,在斯巴达,人们还像旧时代一样生活,如同他们的曾祖父那样。他们不是靠大海、靠手工业、靠商业活着,而是靠被强制的农夫——希洛人用手耕种土地而生活。在那里,身份低微的人只有服从神和英雄们的后裔。那里使用的钱是用犍牛来驮的大铁块,这正是他们曾祖父时代所使用的钱。但是它们很少被使用,经常被堆成一堆在家里。

斯巴达怒视着雅典。斯巴达人常常发问:雅典已经统治了几十个城市,如果他们统治了整个希腊,结果会是什么样子呢?到那时,就是旧秩序的末日了。连山也抵挡不住时间的脚步,它将闯进来,把所有的古代风俗和规矩统统带走。

斯巴达和雅典之间的仇恨,陆地和海之间的仇恨,过去和现在的仇恨,年复一年在增加,日复一日在积累。斯巴达投入了所有的力量,去支援雅典人的所有敌人,支援那些为了争夺海上霸权而跟雅典作斗争的城市。其实,雅典真正的敌人在雅典国内,那些感到生活不公平的人们,那些过苦日子的人们,才是真正的敌人。

斯巴达只是像勤劳的铁匠那样,把燃烧着的不平的火焰扇得更旺了一些。在公民议会上,越来越多的人反对民主,反对伯里克利,反对的声音越来越大了。可是在公开的战斗中,有把握战胜这个"奥林匹斯山神"吗?

▲ 菲狄亚斯雕刻的雅典娜像

敌人们并不直接向堡垒冲锋,而是作迂回攻击。他们没有先攻击伯里克利,而是转去攻击他的朋友——伟大的雕刻家菲狄亚斯被投入了监狱。人们指控他的借口是他在雅典娜的盾牌上雕上了自己的像和伯里克利的像,他居然胆敢把凡人放在永生的神中间,这是对神的不尊敬。菲狄亚斯死在了监狱里,敌人们不但打击了伯里克利的朋友,而且还动手收拾他的妻子——异国女人阿斯佩西亚。控告她的罪名还是同样的,人们说她对于古代风俗习惯和古代神明无礼和不敬。

伯里克利在希腊城内四处奔走,低声下气地请求雅典人饶恕他的妻子。费尽周折,他的妻子终于被救出来了。但是敌人们还是不肯轻易罢手。

光明之神的枷锁

在公民议会上,先知狄俄彼夫站起身来。

大家都知道,他会对每一个不敬古代信仰的人提出控告。人们经常会在庙宇门廊里看到他,他把公鸡或者小猪之类的供物交给仆人后,就开始念起流利的祷告词。他对所有的神——不论大小男女,都充满敬意,不论是住在埃庇丹努的阿斯克勒庇俄斯[1],或是他的母亲科罗尼达,或是守护女神雅典娜,或是强大的基普利德,或是阿波罗,或是潘娜西亚[2],或是厄庇俄涅,或是玛卡翁,或是波达利里俄斯……

狄俄彼夫相信所有的预兆,如果羊生下了独角小羊,他就会预言城市会毁灭。现在,他阴沉地站起来了,开始对有些人提出种种不尊重智慧的控诉。他在控告阿那克萨哥拉,他说,阿那克萨哥拉到处谈论天气现象。天气本来

---

1 阿斯克勒庇俄斯是古希腊神话里的医药之神,他有医治死人的本领。下面提到的厄庇俄涅是他的妻子。

2 潘娜西亚是希腊神话中的人物,能够医治百病的女神。

是全能的神按照神的意志创造出来的。阿那克萨哥拉在探究那些天机，那是神不想让人们知道的事情。他还渴望知道地下和天上的天机，他居然还说月亮是土地。他对太阳神也不尊敬，竟然说太阳是石头。他解释事情用的是最下等而不是最上等的理由。他的行为是犯罪的，他想知道太多的事情，他居然不承认人人都信奉的神，而且还教唆别人也像他一样那么做……

顽固不化的旧思想旧信仰，还是深深地根植在人们的心里。在陆地上，几个世纪以来人们的思想已经发生了天翻地覆的变化。但是在奥林匹斯山的山顶，诸神还是古时候的样子，还是按照旧的方式生活着。宙斯神是那里的统治者，周围都是他的亲属。雅典人早就推翻了贵族的统治，这些贵族都是诸神和英雄们的后裔。但是，雅典人还是继续供奉宙斯神，在庙宇里像对待君主一样给诸神上供。

就这样，伯里克利的敌人——那些反对一切新事物的人，在公民议会上占了上风。伯里克利改建了雅典，但是琢磨雅典人的心理可不是一件容易的事情。

普罗米修斯重新给人们送来了天火，于是，按照宙斯神的意思，普罗米修斯要被戴上沉重的枷锁。阿那克萨哥拉被投入了大牢，他静静地躺着地上，等待死亡的到来。他知道，那些人能够把他杀死，但他们永远不可能杀死真理。而我们都知道，阿那克萨哥拉已经把他的全部贡献给了真理。

突然，监狱的大门被打开了。科学家的学生们进来了，他们是伯里克利派来的，他们贿赂了监狱看守，来解救阿那克萨哥拉。他们要把他送出去，他们送他上船逃命，风把船帆吹鼓，在希腊的岸边，希腊人称之为"智慧"的人走远了。

第05章

·真理和自由永存·

到底什么是万物的根基，万物来自哪里呢？是像泰勒斯到德谟克利特那许多研究自然的人们所讲的那样，物质是世界的根基吗？还是像毕达哥拉斯所说的，一切是数。或者我们需要相信柏拉图的观点，世界的根基是理念。

人类开始自我怀疑

人开始朝着自由和真理的方向前进，朝着掌控大自然的方向前进。虽然一路披荆斩棘，困难重重。人们自以为已经获得了自由，可是奴隶制度还存在；人们自以为已经在向真理靠近，可是在通往真理的道路上，还矗立着偏见与迷信的高墙；人们曾经以自己拥有的财富为傲，可是伴随财富的，还有贫穷……

人类的整个生涯，不仅仅是一部人与自然的斗争史，而且还是一部人与人之间的斗争史。总有一天，种种纷争都会消失。到了那时，已经成为一位巨人的人，将会用自己的全部力量将那些曾经无法抵挡的力量全都驯服。

他曾经有过很多的敌人。当他尚且渺小、还没有将自己武装起来的时候，土地曾在他脚下裂开，积雪曾从山上崩下将他埋掉，野兽也曾袭击过他。而现在，他已经学会了炼铁，他不仅用铁制造了犁，还用铁制造出了剑。他已经在土地上种下了许多的橄榄树、果树和葡萄树，可是，后来又动手将它们全都烧光砍光。他已经控制了海浪，他可以利用风来帮忙吹送船舶，可是，就在他已经控制了海浪之后，他又将许多的船只打沉，而风和海浪却从未将那么多的船舶打沉过。

现在，他还必须摸索前进，跌跌撞撞，历经艰险和迷途。他偶尔也会回头看看来时的路，可是，沿着原路返回是绝对不可能了。有时，他也会怀疑自己，他开始对自己的力量丧失信心。狄俄尼索斯剧场里，曾经洋溢着赞美人类的颂歌，可是如今，却在嘲笑着人类，嘲笑着人类自食其果的智慧。

你看，舞台上是思想家的家园。学生们正站在屋子前面各自学习着，其中一个学生正在凝视着地面。他在找什么呢？有人猜着，他是在找地底下的"蒜"。可是事实并非如此，他在研究地底下的另一个世界，那个位于地府深处的世界。还有一个学生正在演算着与跳蚤跳跃有关的题目，如果跳蚤是靠走路而不是跳跃的话，那么，今天的跳蚤跳一步相当于跳蚤走多少步呢？现在，思想家出来了，观众们开始哄堂大笑。他们认出那个思想家正是雅典的苏格拉底，他可是众所周知、大名鼎鼎的人物啊。现在，这位哲学家正乘着筐子在天空中飞翔。他在研究着云彩，可是自己却穷到没有一个奥波拉来给自己买一顿饭吃的地步。

阿里斯托芬[1]是这部喜剧的作者，他想嘲笑谁呢？他要嘲笑那些只知道在空中飞翔，却忽视了脚踏实地的哲学家们；他还要嘲笑那些认为地府的奥秘还不如一头大蒜宝贵的庸人们。人类在痛苦地怀疑着自己的力量，嘲笑着自己的行为。在他前进的途中，因为经历了太多的困难和灾祸，使他们逐渐开始怀疑自己了……

希腊这个科学和艺术的王国，现在终于进入了那个恐怖的时刻。大火和破坏伴随着一场接一场的战争到来了。那么，究竟是谁在和谁打仗呢？这场战争，是所有人参与的战争：贵族与平民的斗争，富人与穷人的斗争，奴隶主与奴隶的斗争，农业城市与沿海城市的斗争。人们不仅用剑战斗，也用思想在战斗。有一些人想号召人们回到过去那个狭隘、封闭的世界中去；而另一些人却在捍卫着那个将各个种族混合起来、将世界围墙扩大了的新的制度。

▲ 战争在辽阔的大地上蔓延

---

1 阿里斯托芬（公元前446～前385年）是古希腊早期的喜剧作家代表，有喜剧作品《云》等。在这部剧中，描述了一个苏格拉底乘坐筐子的情节。

战争在辽阔的大地上蔓延，如同燎原之火，将大批的难民驱赶开来。人们只得将自己的衣服和孩子藏在石头城墙的里面。许多房子都被破坏掉了，去哪儿栖身呢？有上百个家庭没有房子过夜，他们只能在帐篷下、在庙宇台阶上甚至露天过夜。

粮食也不够吃了。尽管城门紧闭、城墙还完整存在，饥饿却闯进城里了。然后是瘟疫也跟着来了，这位不约而来的海外"客人"同样不怕城门和城墙。它在那些无家可归的人们中间徘徊，它在市场里的人群之中来回穿梭。它只要吹出一口气、碰一下任何人，就足以取走那个人的性命。在它面前，所有人都平等了，不管是富人还是穷人、不管是自由公民还是奴隶，都有可能被它引向死亡。它会杀死年幼的小孩，却对年老的人格外施恩。在大战前夕，司令官也被它害死了，它还让那些从早到晚数着金子的守财奴终于松开了那只紧握金子的手。大街上，到处都是尸体，濒死的人们还在拼尽全力想要爬到泉水边去。

人们到庙宇里去向神祷告，可是那石头做的神并没有伸出援手。因为那神的心也是石头的。人们请教神谕，可是，神谕也是含糊其辞，没有回答。于是，曾经尊敬神的人们也不再信仰神了，而那些崇拜着智慧的人们也开始迷信起来。伯里克利——阿那克萨哥拉的学生临死时，在自己身上挂上了香袋，他认为那香袋能将他从瘟疫之中解救出来。当然也有一些人视战争为节日，因为他们可以从战争中获得惊人的利润，那些武器匠们就喜欢战争带给他们的巨额收入。而商人们更是可以乘机囤积粮食、抬高粮价，甚至造谣说运送粮食的船舶已经被劫了。

希腊历史学家修昔底德看着那些同时代的人，惊讶地发现他已经不认识他们了，他发现他们都变了。他在自己的编年史著作中忧伤地这样写道：

> 人们已经不知道未来还会发生什么了，他们不再尊重神，也不遵守人的规定了……现在的人，都开始去正大光明地干那些以前不敢干也不

应该干的事情……不管是人的法律还是神的威严，都已经无法控制他们了。在他们眼里，等待他们的不过是灭亡，或早或晚而已，那么敬不敬神也没有什么关系了。况且，谁知道自己能不能活到在法庭上接受审判和处罚的时候呢？所以，遵守不遵守规定也没什么关系了。对现实的恐惧已经将人们蒙蔽，他们已经顾不上考虑未来的恐怖了。所以，所有的人都在想方设法地在死亡来临之前尽力捞取"好处"。

在一场又一场的战争中，人们已经被挤压得喘不过气来了。敌军进攻的战事已经演变成为同一座城市中的公民之间的战事。在房屋里，在大街上，人们互相杀戮着。男人们、女人们都在那些厮杀的人群中。妇女们甚至爬上了屋顶，用冰雹一样的瓦片迎接敌人。米利都的大街上，可怜的孩子们被燃烧着，就像火把一样。贵族们为了报复平民，将无辜的孩子们身上涂满焦油……一切都被毁坏掉了，田地早已没人耕种，橄榄树还没来得及结果就被侵略者们连根砍掉了。

▲ 在一场又一场的战争中人们被压得喘不过气来了

人们扪心自问：这些灾难是从什么地方来的呢？有的人觉得，一切变得乱七八糟，这都是人自己的错。也有人说，错的不是人，错的是那些规定和法律。于是，哲学家们想要去建立一个真正公正的国家，哪怕不是建立在地上，就算建立在书本上也好。

但是，何谓公正，何谓不公？什么是善，什么是恶呢？每个人都按照自

▲ 战争场面

己的标准来回答问题。自由公民口中的善在奴隶们口中却是恶。平民们和那些贵族对事情的看法肯定是大相径庭的。老师们这样跟学生们说:"世上不存在全体人共有的公正,因为所有人都习惯将对自己有利的事情归结为是善。"

　　许多人开始对一切都产生了怀疑。我们知道,如果每个人都有自己的一套道理,那么怎么才能将智慧与愚蠢、真实与虚妄分辨开呢?而且此时,人人都有自己的想法,还怎样去认识真理?我们的双眼看到石头是白色的,可是事实上,它真的是白色的吗?也许在另一些构造与我们不同的眼睛看来,那石头应该是黑的呢!

　　甚至,还有一部分人,开始怀疑事物的存在,他们认为根本没有任何东西在这个世界上存在着。他们认为,我们看到的石头,也许不过是我们自己的感觉罢了。况且,假如那石头是真的存在着,我们也无法真正地了解它,即便是我们了解它,我们也无法清楚地告诉别人。

　　现在看起来,似乎任何问题都无法解决了。人类在发觉了自身的弱点之后,好像智慧也随之消失了一样。

人类误入歧途

就连那些最有才华智慧的雅典人都表示,自己其实一无所知。

哲学家苏格拉底就喜欢说:"我知道,我什么都不知道。"他的学生们这样讲述着他的事情。第一眼看到苏格拉底的人,肯定很难将这个身披褴褛斗篷、赤着双脚的老头子与大名鼎鼎的哲学家联系起来。他翘着鼻子、秃着脑袋、腆着肚子,只看外表,就像是那些随便哪座房子里都有的塞利纳斯[1]神像。那么,苏格拉底都教授他的学生什么学问呢?他肯定会说,他没有教过学生,更没教过什么学问。

▲ 苏格拉底头像

在《云》这部喜剧作品中,作者阿里斯托芬安排苏格拉底在筐子里坐着,这只筐子在天地之间悬空着,苏格拉底坐在里面研究星星的运动。其实,这样演真是不符合实际的,因为苏格拉底根本不赞成研究自然,他认为花时间研究天空是没有必要的。科学能让人类更幸福吗?无论天体如何构成,对人们来说,并不是重要的。阿那克萨哥拉就曾经想将那些问题弄明白。他曾经说,太阳和火是同种东西。可是这个年老的疯子没注意到最明显的这一点:人们能看火却不能看太阳。

---

[1] 塞利纳斯,是希腊神话中的众神使者赫尔墨斯之子(也有认为他是畜牧神潘之子),他的形象就是一个扁鼻、多髯、秃顶、矮壮的醉酒老头儿。

在雅典有很多诡辩派学者，这些著名的学者是充满才华和智慧的教师，学生要给他们交很多学费。苏格拉底也是有学生的，但是他却不需要他们教学费，他允许穷人和富人向他免费提问，不过，他自己提出问题的次数反而比回答别人问题的次数要多。他并不是仅仅在教别人学会什么知识，而是自己身在一个学习、寻找真理的境界中，自己也在学习。若是能找到一个比他学问多的人，他还会很高兴。

据说有一次，一个苏格拉底的朋友去特尔斐的阿波罗庙宇中询问

▲ 苏格拉底雕塑

女先知："这个世界上还有没有在才智上能胜过苏格拉底的人呢？"那位女巫回答说："没有！"这件事传到了苏格拉底的耳朵里。苏格拉底很惊讶而且感到十分不安，他说："那女巫在说什么啊？你知道的，我根本不是一个拥有才智的人。"很长一段时间，他都在想方设法去理解女巫的话，最后，他决定漫游世界，去寻找真正拥有才智的人。

苏格拉底在政治家、诗人和艺术家之间寻找着。但是，他发现结果都是一样的，这些人，都对自己的一行十分精通：比如政治家有能力在公民议会上演讲，诗人善于写诗，而艺术家雕刻起作品来十分熟练。可是，他们每个人在熟练掌握了自己的那种技艺之后，就想当然地认为，自己在别的方面也是拥有才智的。而正是这一点，使得他们无法成为一个真正有才智的人。

就这样，苏格拉底在雅典的街道上徘徊。他在询问人们，他在考验人们，

他想要找出那个真正拥有才智的人。当苏格拉底走到了角力场的时候，他看到那里青年们正在做体操，青年人热烈欢迎着他们的这位老朋友。坐在凳子上的苏格拉底被人们层层包围着，与往常一样，围绕着"对每个人来说都重要的事情"的谈话又开始了……

苏格拉底问其中最年幼的克里尼斯："你是否认为，所有人都真的希望自己能幸福吗？或许这个问题很可笑，或许这是个很愚蠢的问题，但是会不会有人不希望自己能幸福呢？"克里尼斯回答道："当然没有那种人了。"

"可是，究竟何谓幸福？是拥有财富吗？""是的，是财富。"苏格拉底继续问道："可是你知道的，幸福不仅仅是指财富，还有力量，还有健康。""对，"克里尼斯答道，"那些也是幸福。""那么，地位和荣誉呢？在自己的国家里做一个有名声的人难道不幸福吗？""那当然也很好了。"苏格拉底又问："那么，去做一个勇敢的人是不是幸福呢？""我认为，那样也很好，也是幸福的。"

苏格拉底说："这样说来，如果人们拥有了财富、力量、健康、勇敢和荣誉，他就是幸福的了。那么，你能不能告诉我，是不是人们手中拥有的东西越多，人们的日子会过得越好呢？"少年回答说："应该是这样的吧。""可是，当人们不用自己所拥有的那些东西时，它们还有用吗？比如，一个木工有了工具和好材料，他却什么也没制造。那他所得的那些东西对他来说还有用吗？"克里尼斯说："不，那就没用了。"

苏格拉底又问："那么，对于财富以及我们刚才说的其他的那些好事呢？如果人们已经拥有它们，但是并不用它们，这些东西对人来讲，还有用吗？""那就没有用了。""这么说，"苏格拉底接着说，"人们不仅仅是只拥有那些东西就行了，他还必须要使用它们，对不对？""对，我认为应该如此。"

"那么，"苏格拉底问，"他应该如何使用那些东西呢？要知道，如果木工使用工具不当，他只会将材料损坏掉。那样，他还不如不使用那些东西呢。""对呀，是这个道理。"

▲ 苏格拉底和他的学生们

"那么，为了正确地去砍和锯，木工们需要什么呢？或者吹笛人为了吹笛，需要些什么？再或者雕刻家为了雕刻人像，他又需要什么呢？是不是应该掌握他自己的那些专业知识？""是的，应该掌握。"

苏格拉底继续发问道："那么，我们所说的那些好事——财富、力量、健康等都并不一定是什么好事了。因为这些东西只有在人们用知识去支配的时候，它们才能称得上是好事。如果，人们以愚昧去支配它们，它们反而会变得十分邪恶。我这样说，你觉得对吗？""似乎是这个道理。"

"那么，我们应该怎样下结论呢？是否世上的东西根本无所谓善恶，只不过才智是善，而愚昧是恶呢？"就这样，苏格拉底与他的学生们谈论着，他教给他们寻找真理的方法——先从个别推及到一般，然后再从一般的情况推及到个别的情况。那些不会吹笛子的笛手、不会掌握工具的木工以及不知道如何雕刻的艺术家，都是个别的情况。但是可以推导出一般性的结论：手中光有笛子、斧子或者雕刻刀并不够，人们还需要了解该如何使用它们。只有掌握这种知识才能够支配一切的事物。从这个一般情况，苏格拉底又重新说到了那些个别情形，人们仅仅拥有财富、力量、健康和勇敢还远远不够，人们首先应该拥有才智和知识。

一个问题接着另一个问题，一步跟着一步。现在，对话的人发现了自己思想里的矛盾之处。就在刚刚，他还正确无误地确定，"力量是好事"。可是现在，他不得不承认：力量也可能是邪恶的了。

两个冲突的见解对立了。

不同的东西支配着的力量，产生的效果也是不一样的。这个力量有时会是邪恶的，也有时会是好的，这就是真理。青年们在跟苏格拉底的谈话中学习到了他的推理和思想，特别是那些关于揭露矛盾和寻求真理的方法。苏格拉底跟青年们虽然在一起探寻着真理，但是这些东西对于苏格拉底来说只是一种寻求真理的手段，他真正的目的只是要知道，什么是真实什么是虚妄。在苏格拉底看来，公正在这个地球上已经是找不到的了。一些正直的人死亡了，但是与此同时，一些不正直的人在庆祝着胜利。贪婪和仇恨遍布周围，真理变成人们永远也无法寻找到的东西。

所以，苏格拉底现在又踏上了寻找真理的征程。

在大街上，苏格拉底几乎问遍了所有的人同一个问题：作为受人尊敬的雅典公民的先生们，你们都是这个伟大的城市里出了名的公民，你们以你们的心灵和才智而出名，你们为了获得更多的荣誉地位和金钱，经常东奔西跑。但是，你们却忘记了更重要的，那就是去追求那些能使智慧、真理和精神变得更好的东西。

当人们正在忙碌于自己的生意时，苏格拉底向市场上的人们问起了这个问题。在一些宴会上，苏格拉底同样问了这个问题。但是人们都以为他是在炫耀自己的口才，没有人真正去理会他。有些人在夸耀自己的富裕，有些人为了自己的选举成功在庆祝，还有些人却在为了自己的赛马技术而洋洋得意。

所有的人都在试图躲避苏格拉底，但苏格拉底并没有放弃，他坚信这是他的责任，他要让人们反省，让人们呼唤自己的良心。苏格拉底对人们说："认识自己，反省自己，是属于自己本身的事情，而不是你外在的事物，是城市的实际存在，而不是外化的东西，我们都应该呼唤自己的良心，哪怕只有一次也好。"

跟其他人一样，苏格拉底也会常常回想那过去的日子，好像那些日子比现在要好些，最起码如今手工业、商业和科学没有带给他们想要的幸福。雅典人是那么向往自由，但是他们却在财富面前卑躬屈膝。前面没有出路，后面没有退路，如果能回到过去的日子，生活在那个有农夫和勇敢的战士的日子里，是不是会好些呢？

苏格拉底坚持这种看法，这个看法恰好符合一些贵族青年的意愿。因此，他们很乐意受教。

秘密会社宣称：让父辈的制度重现。这是他们讨论的最多的一件事。斯巴达就是这个制度的现今保存地。因此，人们都在争相学习他们的各种东西，甚至，有的人把自己打扮得像斯巴达人，无论外貌还是日常生活，有些极端的人还秘密地与斯巴达的敌人联系。

作为雕刻师素夫罗尼斯克的儿子，苏格拉底则完全不属于这个由贵族阶级组成的秘密会社。他年轻时所雕刻的美惠三女神[1]像直到现在还伫立在城中。

因为手艺师需要大量时间雕刻，那么剩下来用于关心国家的时间就少了，所以，苏格拉底毅然地放弃了继承父亲的手艺。他认为，只有研究过管理学的人才能治理好国家，在决定国家大事上，仅仅靠一些手艺师、织工和陶工是远远不够的。

科学家在苏格拉底眼中是可笑的，是不和睦的，他们就像疯子一样互相观望，互相嘲笑。有些人认为存在是唯一，有些人却觉得存在是无限的、多样的，还有些人认为一切都会产生和灭亡，又有些人说根本就没有存在和灭亡这一说……自然界的规律，他们谁都想弄懂，但是当真正需要时，谁又能弄懂，谁又有能力去改变呢？有些事情是神不想让人知道的，所以那些想把神不让世人知道的事情揭露出来的人，必然会导致神的不悦。

那么究竟要研究什么呢？很简单，不要去研究自然，我们要研究关于人本身的事情，尤其是人的心灵，而不是那些关于神的或者大自然的东西。好好地认识自己，这样才能让自己懂得更多、更充实。

---

1 美惠三女神是希腊神话中三位女神的统称，她们分别代表妩媚、优雅和美丽，相传是宙斯的女儿。

苏格拉底的话很受那些出身富有的人和贵族家庭所欢迎。

苏格拉底是那么勇敢，他曾英勇地为国家打仗；他是那么清廉，以至于自己的衣衫褴褛。但是同时又作为一个手工匠的儿子，他却糊涂地做了那些充满野心的、自私的贵族和富人的老师。

终于，斯巴达战胜了雅典，战败接受的条件是要恢复到旧时的制度，这大概就是人们希望看到的吧。掌握政权的不再是商人和手艺师，而是斯巴达的贵族。这30个僭主中，有克里底亚和哈利克勒，他们正好是苏格拉底的学生。

克里底亚和哈利克勒以前曾经跟苏格拉底以及他们的朋友们在一起进行过讨论，他们讨论关于公正、真理、良心，现在应该就是得出结果的时候了。

如今的雅典，全然没有了公正的存在。报复是僭主们胜利后唯一想做的事情。有时，为了得到财产，他们宁可给一个没有罪的公民判刑。

▲ 苏格拉底的精神助产术

有一次，僭主们派苏格拉底和其余4人到萨拉米斯岛去，要求他们把逃到了萨拉米斯¹的著名的列昂提斯带回来。列昂提斯是为了逃命才到萨拉米斯岛的，他知道，克里底亚和哈利克勒抓他回去只是为了要夺得他的财产。

苏格拉底是绝对不会履行这个任务的。他对他的学生说："这样做是不对的，这是不好的牧羊人才做的事，因为好的牧羊人会想自己的羊群数量增加，可他们却想自己的羊数量减少。"僭主们知道这件事后，以死来恐吓苏格拉底，不让他跟学生随便说话。但是正因为如此，苏格拉底通过自身经历，认清了所谓的贵族统治，就是把人们当作是羊群，把他们自己当作了牧人。

1　萨拉米斯是个古代的城市，在塞浦路斯东岸，于公元前449年被毁于战争之中。

最终，民主派以其自身的宽宏待人推翻了斯巴达的政权，他们在公民议会上以法律的形式宽恕了敌对派，但是唯独对苏格拉底例外。因为他们认为，青年们蔑视民主制度都是受苏格拉底的影响，苏格拉底比任何危险都要危险。危险的人是卑贱的，但是苏格拉底却是一个品德高尚的危险的人。危险的人手上都有自己的武器，而且苏格拉底的武器更尖锐，他的武器就是那神奇的辩证法。

根据大会通过的法律规定，他们只能向苏格拉底提出控告，他们不能因为苏格拉底曾经是公民的敌对就直接判他罪。在人们看来，即使苏格拉底曾经使青年堕落，曾经宣扬新的教义，但人们也只能够把判罪的权力交给法庭。

苏格拉底来到法庭上，坐在原告人的席位上的是富裕的制革匠梅利特端，还有李孔和阿尼特，他们的身份地位都是比较高的。大家都想听听苏格拉底用什么理由来给自己辩护。辩护开始了，苏格拉底十分坦然，他不需要用华丽的词藻来表达，也不需要请求别人的宽恕。

"如果你对我说：'我们会放你走，但是，这是有条件的。你要对我们作出承诺，承诺以后不会再研究哲学。'那么我就会回答：'只要我的心跳还没有休止，我的呼吸还在继续，我绝对不会停止研究哲学的脚步。我会继续劝老人和青年注重精神，淡薄肉体和金钱。无论你们是否会放我离开，我还是会继续完成我的工作，即使这个工作会让我走向死亡。

"雅典人，请你们不要再争吵了。如果你们真的剥夺了我的生命，那对你们来说，将会是一个重大的损失。你们绝对再难找到类似我这样的人。没有人再去唤醒你们，你们将会终日浑浑噩噩地生活。我来到这个世界的责任，就是为了唤醒你们，劝导你们去遵守道德。"

法官已经判定苏格拉底有罪。可是，他究竟是犯了什么罪呢？需要给他判什么刑罚呢？有的人要给他判死罪，可是按照法律，应该被判定是什么罪呢？这个时候，法官就需要在两者之间作出一个选择。"我究竟是犯了什么罪？"苏格拉底问道，"我需要被判什么刑罚？放逐吗？可是不管我走到哪个地方，只要我和青年们说话，他们就会听从我的话。难道我被放逐之后就不要再说话吗？显然，这是根本不可能的事情。即使我作出这样的承诺，你们也不会相信我的。"

因为苏格拉底的辩护，法官不得不再次召开会议商讨。或许正是因为苏格拉底所说的最后的那段话，导致他最后获得了死刑的定罪。

面对死刑的判罚，苏格拉底十分坦然。他说："现在死亡距离我是如此接近。我已经老态龙钟了，是时候离开这个世界了。我即将走向死亡，而你们……"

苏格拉底的学生有些不理解他们老师的做法。或许在苏格拉底看来，极力地为自己去辩护是没有任何意义的。虽然他有足够的能力通过辩护来扭转自己的命运，他也能够要求放逐来获得生命的延续，可是他并没有这样做。他觉得，与其那样生活着倒不如死去。

当人们劝他逃跑的时候，他说："我不能够逃跑。无论是战场还是法庭，我们都需要服从他们的安排，只有这样才是合法的。如果我逃离这个地方，过着亡命者的生活，那么肯定会有人站出来指责我。如果我用不合法的手段逃离判罚，那就是触犯了法律，这与我一直以来坚持的信念是违背的。"

虽然死期一天天接近。但苏格拉底在生命最后的时刻里，依旧和往常一样与朋友们聊天、和学生们谈话。苏格拉底和青年们讨论死亡和永生。死刑的时间到了，在夕阳西下的时候，苏格拉底只剩下了生命的最后时光。当那一碗毒药摆放在苏格拉底面前的时候，他的学生依然希望有奇迹发生。苏格拉底说道："太阳依旧会在天空中照耀大地。"

苏格拉底没有任何犹豫，他丝毫不眷顾那怯懦的生命。他十分坦然地向刽子手问道："你是这里的内行，你告诉我，接下来我需要做什么？"刽子手说："你只需要把这个药喝下去，待一会儿你就会感到双脚沉重，你能够躺在床上死去。"

苏格拉底没有丝毫犹豫。他毅然端起碗来，一口气把毒药喝完了。好像

真理和自由永存

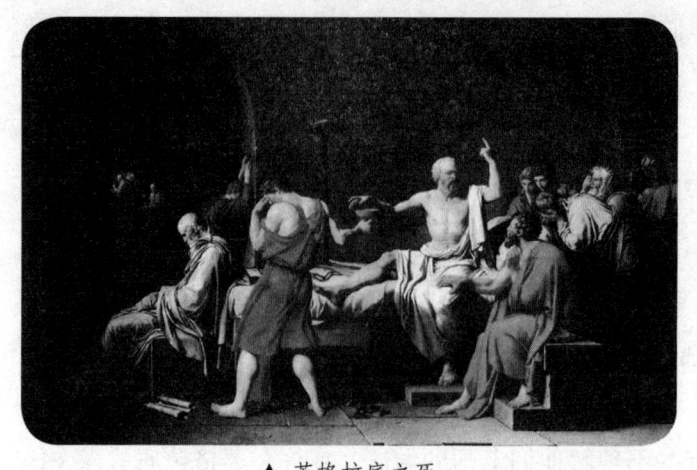

▲ 苏格拉底之死

他喝下去的不是毒药而是水一样，他连眉头都没有皱一下。在场的学生都为之动容，有一名学生用斗篷来遮盖自己忍不住而流下的眼泪。

"你们不要这样做，请你们安静吧！"苏格拉底遵从刽子手的"建议"，直到他慢慢地在床上合上双眼。这个时候，刽子手来到他的身边，检查他的身体。刽子手会用手来感觉苏格拉底身体的温度。直到毒药攻心的时候，苏格拉底的身体变凉了，苏格拉底真的死亡了。在死亡前的一刻，他还吩咐自己的学生去祭祀医药、毒药的神——阿斯克勒庇俄斯。他甚至还提醒学生："我们需要给阿斯克勒庇俄斯奉献一只公鸡。"这就是苏格拉底留下的最后一句话。说完这句话，他的目光开始变得呆滞，他的嘴唇也不再动了。

在这之后的几千年的时间里，人们依旧能够听到关于苏格拉底的故事。那是苏格拉底的学生所流传下来的。

今天，我们了解到苏格拉底的故事是多么可悲。可是在当时，在苏格拉底看来，他是在做一件神圣的事情——给大家讲解公义，给人们树立公正的观念。但是，他不知道，他教育的人中间却混有了卖国贼和恶棍。

克里底亚与哈利克勒知道善是什么，但是他们按照善去做事，他们做的事违背了善的原则。他们除了自己做了恶之外，还把苏格拉底拉入了他们的阵营中，因为他们曾经接受过苏格拉底的教育。

苏格拉底被人们称为是"最高尚的人"，但是就是这样高尚的人竟然把人引入了歧途。那么等待着苏格拉底的又能是什么结局呢？或许他只能选择死亡。

我们能够通过苏格拉底的学生了解到他的故事。苏格拉底的死让我们不由得为他感到惋惜和悲伤。不过我们除了对他的遭遇表示同情之外，还十分敬佩这位哲人。他在法庭上，没有去祈求别人的怜悯，也没有选择窝囊地越狱。他认为，如果要通过违法来获得余生，那还不如死去。

可是，当我们去判断一位思想家的时候，并不是仅仅看他精神上的长处与缺点，而是侧重于这一位思想家在人类前进的道路上作出了什么样的贡献。他是帮助人类前进，还是阻碍了人类前进的脚步？那么苏格拉底为人类作出了什么贡献呢？

古代雅典的民主制度和现代的民主制度有很大的不同。如今在我们看来，那个时候的雅典民主制度算不上是真正的民主。毕竟在当时制度统治下，只有几千人是自由的，而那几万个奴隶和异国人不但不是自由的，而且是没有任何权利的。可是要知道在那个时候，这一种制度已经是很先进的制度了。

而苏格拉底就是这一制度的异类，因为他坚决地反对这一种民主制度。他认为自由会让人民变得麻木。在现代社会中，我们提倡真理，提倡认识自然、支配自然。然而，苏格拉底并不支持这一些观点。他反对研究自然，他认为人们需要认识自己。对于苏格拉底来说，精神是存在于自然界以外的地方的，我们需要去研究精神，认识精神。

受到他的思想影响的人，在往后的日子里，用他的学说来提倡人类回到过去。这样做，大大地阻碍了人类历史的前进。

苏格拉底是一名出色的辩论家。可是，这位出色的辩手并没有用自己的聪明才智去研究世界或者探讨真理。即使苏格拉底和他的学生有着出色的辩论技巧，可是他们并没有把这种技巧运用到研究中去。这种辩论法在他们手中，也就成了一种没有内容的形式。

正是因为苏格拉底错误的认识，导致了此后众多的思想家都误入歧途。

虚幻世界的真实

柏拉图是苏格拉底的得意门生，他比他的老师更加敌视民主制度以及唯物主义科学。在人们的眼里，柏拉图是一位喜爱沉思而且富于幻想的青年。他不喜欢笑，对周围的学生也总是一副傲慢的姿态。

▲ 柏拉图

每当他回到家后，他会用笔和小蜡板归纳记录下老师所说的话。当然，除了记录老师的话之外，他还会加上自己的见解，而且提出一些辩论实质的话。人们能够通过翻阅这些笔记，了解到苏格拉底和学生们进行了怎样的讨论。

柏拉图曾经把他记录的这些对话念给他的老师苏格拉底听。他的老师听完这些对话之后，竟然调侃地说道："你怎么能够编撰出这么多的话来呢？"

苏格拉底被判死刑之后，柏拉图就离开了自己从小生活的地方。他认为，他一刻也不能再在这个地方生活下去。即使他出生贵族，从小就接受自由民主制度的教育，但是他丝毫不会掩饰自己对民主派人士的反感。为此，他离开了雅典，来到了梅加腊。

在这个距离雅典很遥远的地方，他再一次拿起手中的小蜡板。他要尽自己所能去回忆老师所说的话，会尽可能地去回忆老师临死之前和学生之间的对话。即使柏拉图没有停下旅途的步伐，但是他依旧是活在自己的世界里面。

▲ 柏拉图跟学者进行沟通谈话

他会和人们谈话，但是他更多的时候是在和老师进行对话，这种奇怪的双重的生活模式一直陪伴着他。

在柏拉图的眼里，老师虽然肉体死了，但是他的精神依然存在，而那些活着的人，却像是行尸走肉般地生活。现实和柏拉图的梦境是恰恰相反的，古代的风俗习惯和信仰不断消失，就连古代的法律也慢慢地被毁灭着。如果要恢复以前的制度，需要寻找支持者，那么去哪里寻找这些支持者呢？

柏拉图去过很多城市，游历了众多的国家。每到一个地方，他都会跟当地的学者进行沟通谈话，他也会研究各个国家的风俗习惯以及那些国家的制度。他希望能够寻找到一个符合他理想的国家。终于，在他来到埃及时，他似乎看到了希望。

柏拉图并不理解埃及人的风俗习惯和信仰，但是他觉得埃及人是正义的。因为这里每个人所做的事情和所干的工作都是符合他们自己身份的，手工匠会做手工业的活儿，而农夫则会在田地里工作。人们的身份和地位是在他一出生的时候就确定的，手工匠的儿子没有可能会成为国王的文书，而农夫的儿子也绝不会成为手工匠。

在雅典，每一个公民都能够坐在公民议会的坐席上，共同处理国家大事。在埃及，柏拉图并没有看到这种现象。

柏拉图希望能够建立一个自己理想中的国家。在这个国家里，每一个人都有自己固定的工作和固定的身份。可是这些等级制度并不民主，也不公平，因为这无疑会让很多人被强迫地去劳动。

在这个理想的国度里，必须要有一些人是愚昧无知的。他们必须无条件地服从上位者的管理。作为国家中"最优秀的人"——警卫，他们为了管理好国家，可以撒谎，也可以骗人。但是平民却没有这样的权利。

这就是柏拉图所说的"正义"。

当柏拉图来到了埃利亚[1]和意大利的时候，他遇上了著名的埃利亚哲学家巴门尼德[2]。巴门尼德是著名的唯心主义哲学家，柏拉图从他那里学到了唯心主义的知识。他也跟塔楞塔姆[3]和阿尔凯塔斯[4]进行谈话，并且从他们那里学习到了毕达哥拉斯学说。

在这次旅程中，柏拉图吸收了很多知识。这些知识和他的见解十分接近，他几乎执著地认为，真正的世界是不能够用肉眼来看的，人们看到的世界都是虚幻的，如果要观察到真正的世界，那必须要用智慧来观察。

柏拉图清楚地记得，他和死去的老师苏格拉底交谈过。苏格拉底曾经多次帮助他从物质层面上升到精神层面，现在这个学生正在重新沿着这个不可见的梯子向上攀登。

他看见周围有槲树、月桂树、悬铃木，于是他就尽量从树木的具体存在上升到树木的理念。这些树是不能永存的，风暴可以把它们摧折，人可以把它们砍倒，最结实的树木也会枯萎或腐烂。但是，树木的理念却不会被破坏，也不会消亡，如同画在沙子上的图形可以被擦掉，但是图形的理

1　埃利亚是意大利南部古希腊人居留地，位于今天意大利那不勒斯附近。
2　巴门尼德（公元前6～前5世纪），哲学家。
3　塔楞塔姆就是现在的塔兰托，在意大利南部塔兰托湾沿海。
4　阿尔凯塔斯是古希腊数学家，哲学家，生活在公元前420～前350年，属于毕达哥拉斯学派。

念永存一样。

时间不能支配理念，它虽然可以把我们周围的一切都带走，但是理念却可以一直保留下来而不受时间的限制，理念超越了时间和空间的束缚。

柏拉图以自己的理念创造了一个理想的王国。这里没有颜色，没有形象，没有任何可以看到或者可以触摸到的东西。精神在这里包容着崇高的理念，比如真理、幸福和正义，这里是这些永恒的、不朽的东西的住所。而展现在我们面前的实际存在的世界，仅仅是那不可见的世界的一个反映。

这并不是柏拉图的新思想，在赫西俄德时代，希腊人就已经相信的真理、健康、恐惧、力量都不仅仅是虚无的概念，而是具体存在的神。柏拉图希望使这些古代的、过去的观念重新焕发光彩。在他看来，抽象概念只是离开了我们这个世界而已，它在另一个世界里永存。他认为，除了那些具体存在的东西之外，还有一般的树或者石头存在。

柏拉图过着双重生活，他把梦当作真实，或者把真实当作是梦。他集中精力观察自己的心理，他看见自己心中如何产生出了关于无的概念和关于有的概念。整个世界，包括其中的噪声、颜色、形状等，都反映在他心里。他认为，反映才是真实的世界。柏拉图是这种人，当他看见河水中树的倒影时，他会说："看，水中这棵榭树的倒影才是真实的，而长在岸边的那棵树是它的反映。"

但是，一个实际存在的人生活在虚幻的世界上是十分困难的。柏拉图不是隐士，一方面他宣扬冷漠无情，另一方面，他自己却十分热衷于参与斗争。他希望不仅在想象中，而且在实际上，他都可以按照自己的想法来改造他认为的虚幻的世界。

他向着西西里出发了，到叙拉古[1]，到僭主戴奥尼修斯一世[2]那里去。柏拉图希望在他的帮助下，可以建立一个国家。在这个国家里，政权和科学在

1　叙拉古位于西西里岛东岸，是公元前8世纪所建立的古国。公元212年并入了罗马。
2　戴奥尼修斯一世（公元前430～前367年）是叙拉古僭主，叙拉古在他统治时期国力强盛，在西西里岛东部称霸。

少数最优秀的人——哲学家手中。但是，实际上僭主根本不想和哲学家分享他们的权利，僭主们要做的事和柏拉图想象的是大相径庭的。

柏拉图面临了巨大的灾祸，他被卖到埃伊纳岛[1]上去做奴隶。讽刺的是，他这位保卫奴隶制的贵族，结果竟然自己做了奴隶。幸运的是，朋友们用了很多钱费了很大的力气，终于把柏拉图赎回来了。

这种说法也许只是个传说，但有一件事是真的。那就是柏拉图后来不得不离开叙拉古。所以，他又回到了他的故乡——雅典。在那里他开始办学，教育青年人。

创造世界的神善良而美好，因此他创造了美好的世界。

"既然是这样，"学生们问道，"为什么世界上还有许多邪恶呢？"柏拉图答道："因为你们所看见的世界仅仅是美好的灵魂世界的影子。这就好像你把背对着光，坐在地窖里，在你前面墙上看见的是物的影子，而不是物的本身。就好像你只听见回声，而不是声音一样。你回过头去看，你沿着陡峭狭窄的斜坡从地窖里往上爬，你将看见天空，看见太阳。

"那些曾经好好地生活的人的灵魂将升天，在那里得到应得的奖赏。许多年之后，他们又会重新回到地面上来。但是他们记得天上的故乡，所以我们的每一个关于美好世界的思想都是对天上故乡的回忆。

"就是因为这个原因，每个人才应该让自己活得合理而善良。我们知道奖赏是好的，希望是美好的……"柏拉图这样说。学生们听了他的话，就开始白日做梦，不再脚踏实地生活了。他们想象从来没有过的事物，他们活在虚无的想象中，因为这样可以使他们忘记现有的不开心的事物。

在柏拉图所叙述的这个神话里，有许多东方和西方民族的古代信仰交织在一起，创造这个神话的是贵族、奴隶制度的保卫者、国王的后裔。但是这个富人们创作出的神话，却成了奴隶和穷人的安慰。人们在地上看不见解放的希望，就只能寄托到去天上找它了。

1　埃伊纳岛位于希腊东部沿海，在埃伊纳湾。

▲ 柏拉图教育青年人

因为柏拉图号召他本国的人走回头路，号召人们从大众民主退回到少数人的统治，所以那些拥护过时制度的人都利用柏拉图的学说当武器。柏拉图和苏格拉底都曾经和诡辩派[1]的学者作斗争。

诡辩派说，能约束所有人的真理是不存在的，有多少人，就有多少个见解。苏格拉底和柏拉图却论证说，真理是存在的。

---

1 诡辩派：也译作智者派，在哲学上承认客观存在的是"流动的物质"，但是从感觉论出发，错误地得出相对主义或怀疑论的结论。这一派的一些人同奴隶主民主派有联系，具有进步的倾向。他们对传统的习俗和制度的批判引起柏拉图不满，因而柏拉图污蔑他们是诡辩家。

真理和自由永存

他们捍卫真理，却把它放到那永恒不变的虚幻的理念世界里去了。

以前，科学和宗教是一个整体，后来科学脱离了宗教，走出了自己的路。而柏拉图却企图把它们重新合并在一起，创造出具有科学外貌的宗教。

他的老师毕达哥拉斯就曾经想这么做，但是柏拉图比他的老师走得远，他为唯心主义奠定基础。他认为：理念是一切存在的本原，自然界只是理念世界的影子。

从柏拉图的时代起，哲学世界里就开始了唯心主义和唯物主义之间的斗争，这种斗争持续的时间一直到了今天。

柏拉图的错误学说不止一次地在他以后的思想家的著作里复活，这种学说把科学引导到根本不存在的灵魂世界里，它妨碍了人类的前进。

对立的两个派别

在从前的某一段时期，人们活在神话世界里。奇妙的花草、石头、野兽和灵魂都有着虚幻的轮廓，整个世界被云雾缭绕地包围着。甚至每一棵树都有自己的灵魂，每一块石头都可以开口说话。

随着人们对世界的逐渐认识，人们认识的事物范围逐渐变大了。不是在原始时期，而是在公元前4世纪，在科学的国度希腊，哲学家柏拉图又重新引导自己的学生进入虚幻的灵魂世界。好像过去那些研究自然界的人，如泰勒斯、阿纳克西曼德、阿那克萨哥拉和众多别的科学家，都从未存在过似的。柏拉图无视这些科学家的存在，更无视他们的思想。

难道人类真的要走回头路了吗？莫非那么众多曾经勇敢征服大自然的人的努力都白费了吗？当然不是，其实当一些青年正在阿卡德米亚学院里跟柏拉图谈话的时候，另外一些青年也正在认真仔细地研究德谟克利特的著作。

柏拉图号召人们向来时的方向走，而德谟克利特号召人们往另一个相反的方向走。柏拉图引导人们走向虚幻的心灵世界，而且断言这就是真实的世界。而德谟克利特说，大自然是具体存在的，除了大自然，什么也没有，他引导学生走向真实空间，他引导学生学习时间的无限。

争论在进行着：到底什么是万物的根基，万物来自哪里呢？是像泰勒斯和德谟克利特等许多研究自然的人们所讲的那样，物质是世界的根基吗？还是像毕达哥拉斯所说的，一切是数。或者我们需要相信柏拉图的观点，世界的根基是理念。

柏拉图憎恨德谟克利特，他收集和搜寻德谟克利特的著作，然后把它们付之一炬。他在辩驳德谟克利特的时候，并不说出德谟克利特的具体姓名，他是不想让他敌人的名字留传后世。但是事实上，德谟克利特的学说已经在人们中间传播开了。柏拉图说道："有许多人认为这个学说是最智慧的，因此青年们才敢于蔑视宗教，才敢于说信仰的神是不存在的，革命的起因也就在这里。"柏拉图一生都在跟德谟克利特的学说作斗争，因为德谟克利特的学说动摇了古代对于神和来世生活的信仰。

德谟克利特曾经嘲笑那些坚持古代思想的人，因为那些人说："宙斯神给万物起名字，宙斯神知道一切，掌握一切。"德谟克利特认为那些故事都是神话："那些人不知道自然早晚是要毁灭的，他们在生活中经受灾难的时候，会编出来世生活的不真实的神话，以此来安慰自己现实中恐怖和不安的日子。"

柏拉图就是这种"叙述来世生活的不真实的神话"的编造者，所以他不喜欢德谟克利特的见解。他企图使人们重新相信那"创造世界的神"，相信来世是唯一的真正的世界，在那里，人们将会因无辜而得到奖赏，因罪孽而得到惩罚，那是一个美好的世界。

前进道路曲折

但是可笑的是，柏拉图甚至都不太相信他自己的话，他不仅用来世的惩罚，而且还用今世的牢狱、拷打和刑法来恫吓敌人。他是这样对待德谟克利特的继承者的：有的应该处死刑；有的应该痛打一顿后关进监狱；有的应该被剥夺公民权利；有的应该被罚受苦和驱逐出国境。就这样，斗争在唯心主义和唯物主义这两种对立的学说之间进行着。而且往往还有如此的情形，就是在同一个思想家的著作里，两种对立的思想也在冲突着、斗争着。

这个拥有矛盾思想的学生名叫亚里士多德[1]。

他是柏拉图的得意门生，在阿卡德米亚学习生活了很多年，他很尊敬自己的老师，他的老师也很欣赏他这个学生。老师认真指导他如何寻求真理，如何对一件事物进行探究。柏拉图认为："人需要不断地催促才能进取。"而亚里士多德却常常会因为学习热情太高以至于导师们很想劝他休息一下。

▲ 幼年亚里士多德

学习的过程是艰苦的、枯燥的，有些概念很抽象，甚至晦涩难懂，这时候学生们往往会抗拒学习，而导师则必须引导他们走进这个虚幻的神话世界。亚里士多德对真理的追求是执著的。而且，随着年龄的增长，这种执著也在慢慢加深。他常常说："对于我，柏拉图虽然可贵，但是真理更可贵。"

1　亚里士多德（公元前384～前322年），古希腊著名哲学家。

为了探求真理，他离开了阿卡德米亚，独自走上了探求的道路。亚里士多德坚信：要想获得知识，必须多看、多听和多思考，不能仅仅凭借自己的主观来认识和判断世界。他甚至认为，动物对世界也有它们自己的认识和判断，因为动物也有感知，而且有些动物还能记住它们所见过的事物。为什么会有些动物怕水呢？那是因为它们知道自己无法游泳也无法漂浮在水面上。

虽然动物也知道火的危险、海的磅礴和天空的广阔，但是它们靠的是自己的本能。并不能说它们是有了自己的记忆和经验。这就是人和动物的区别，人可以靠经验产生记忆和科学，动物却只是靠自己的本能。

人知道火可以加热和熔化其他的物质，所以就利用它来烧制陶器和烹饪食品，这就是技艺和进步。技艺和科学的区别在于，技艺是发展和利用某种物质的特长，而科学则是探究物质的起源和物质发生的原因。

于是，亚里士多德认为，科学是探究原因的学问。

未知的世界是令人惊奇的。手表上了发条会走，用来指示时间，人们会感到奇怪。为什么有的手表上了发条却不走？这种现象会让知道手表机械原理的人去探究现象背后的原因，从而变得更博学。而无知的人则会因为懒得追问所以变得更无知。所有物质的产生和变化都是有原因的，而这些原因是什么呢？第一个提出这个问题的并不是亚里士多德。亚里士多德眼中的那些哲学著作就像别人眼中的黄金和珠宝一般珍贵，这些书籍可以像金子般照亮他探究科学的道路。

他在探究知识的过程中，更像是一名辛勤的矿工，把金子和宝石从周围的沙石中分辨和挖掘出来，小心地收入囊中。他敢于对很多学问持怀疑的态度，他认为，大多数已经形成的结论或许是不够精确的，这些结论就像是一场狩猎的结果。但是打猎的原因是什么，应该怎么打才能猎到食物？仅凭一次打猎的经验是远远不够的。

哲学家们认为世间的一切都是由物质构成的，有些学者认为万物起源于水；也有的认为万物起源于空气、火焰或者土壤；还有的学者认为万物的起源并非为一种物质,而是多种元素。亚里士多德也同意世界起源于物质,没有物质,世间的万物也就无法存在。制造首饰需要宝石和金银,制作家具需要木材。但是木材、宝石如果不经过加工和打磨,就不能成为家具和首饰。而两者的区别在于,木材、宝石都是物质,而家具和首饰则是形式。

▲ 亚里士多德

亚里士多德想到,一些思想家,摒弃了物质,把形式放在了第一位。他打开了一本数学著作,这是毕达哥拉斯的继承者的著作,他们为数学的推进作出了杰出的贡献。在他们的著作里,他们解释了数、点和线。在他们看来,数学能解释一切,为此,他们备感喜悦。但是他们忘记了,只有形式没有物质的理论是不能创造世界的,就像只画出了一个三角的几何图形,但是没有铜和铁制造不出三角架来是一样的。所以,那些数学家们,只注重形式,对物质却想得太少。

亚里士多德常常回想起自己在阿卡德米亚的日子,想起他与柏拉图的对话,柏拉图说:"理念是这世上最永恒的形式,世间万物都是根据理念创造出来的。"但是,在阿卡德米亚,亚里士多德是最有学习热情的人,只要他有疑问,他肯定会把老师问得瞠目结舌。

他曾多次问过柏拉图:"没有物质,怎么能有形式呢?没有宝石,工匠怎么能制造出来首饰?没有木材,木匠怎么能制造出家具?而且,你还把所有的形式分为两种,说是'这个首饰'还有'一般的首饰',有'这些木材'还有'一般的木材',这究竟是什么意思呢?我们知道了这些,就能知道宝石是怎么来的吗?它为什么会蕴藏在山石之中?木材又是什么?树是怎么来的,它是怎么从种子中长出来又是如何开花结果的呢,它是怎么长成木材的呢？"

亚里士多德反复思考着这些有争论的问题，思考最终，他仍然觉得，物质和形式不能分开。首饰是工匠用宝石制作的，家具是木匠用木材制作的，那么，世界又是谁用什么创造的呢？

有些学者认为，大自然就是最好的能工巧匠，它就像工匠制作首饰，木匠制作家具一样为我们创造世界。这种说法难以令人信服，是因为提出这种理论的学者只有在他找不到其他的解释的时候，才不得不把这种说法搬出来。

也有学者认为，创造世界的原因不是一种，而是爱和憎的两种。它们可以结合元素也可以分裂元素。而另外一派学者则认为，世界起源于原子运动，即构成世界的元素的运动。也就是说，创造世界不仅仅要有物质，还要有运动。

可是，所谓的运动，是怎么产生的呢？

亚里士多德翻阅了大量书籍，进行了大量的思考并与许多人进行了讨论，还是没有找到答案。但是他没有灰心，他相信，只要多感触、多看、多听就能找到答案，不能仅仅依赖书籍。于是，他走向了森林，走进了山川，走入了田野。在这个他走进大自然的过程中，他变得更富有智慧，更加聪明了。亚里士多德在森林中漫步，他看到木匠是怎样把树木制成木材，又制作成家具的；他在田间行走，看农民怎样播种、除草和丰收。他看到，不是每棵树木都能长成材，也不是每一粒种子都能变成麦穗。

亚里士多德看到，年幼的小牛是怎样跟着成年牛在田里工作；又看到一颗鸡蛋是怎样孵化出了小鸡。于是他想，鸡蛋中或许发生着一些运动，可以创造出小鸡。那么，只要经过母鸡孵化，鸡蛋就会变成一只小鸡。这种想法不断出现在亚里士多德脑海中，并且由此引申到他对大自然的看法。

如同鸡蛋孵化成小鸡、种子长出麦穗一样，大自然的创造也包含着各种可能性。珠宝匠制作珠宝，木匠制作家具，都可以按自己的意愿来设计。那么，大自然的创造也是有意识的吗？当然不是。它的创造是客观，它有时让人们看到自己喜欢的和所希望的，比如晴好的天气，绚丽的彩虹；有时也会产生一些坏的东西，如狂风暴雨。但亚里士多德想，正是因为大自然的创造有好也有坏，世界才是稳定而真实的，如果一味地为了某种目的才创造，那是错误的。

大自然的创造是为了什么？没有人能回答出这个问题，亚里士多德只能向大自然询问。

他在湖边散步，看到鱼儿，他停下了脚步，湖中的鱼儿和人类不同，它们拥有让自己生存在水中的身体结构，它有软骨可以在水中自由划动，它有腮可以在水中呼吸。同样，天上的鸟儿拥有让自己翱翔在天空的翅膀，森林中的猛兽也拥有可以狩猎的爪牙……这些，都是大自然的创造。

对于人体构造，当时还研究得太少，解剖被认为是罪恶的。亚里士多德用随身携带的小刀，剖开某些动物的躯体，来研究它们的器官和结构。他想，动物与人应该有着某种相似之处。经过比较，亚里士多德发现，动物的构造也是有等级的，从简单到复杂。软体动物、海星、海绵等动物的身体结构是简单的；而身上披毛的四条腿的兽类的身体构造就比较高级、比较复杂了；再往上一级是猿猴，它的脸像人的脸，它的手、指头和指甲也像人的手、指头和指甲；人的位置在最上级。而低于一切动物的是花草和树木，更低等级的是石头和泥土。

亚里士多德从低到高地研究这个事物和生物的阶梯。越往高去，物质就变得越复杂、越温暖、越灵活、越活跃、越有意识。大自然不知疲倦地创造了一种又一种生物，它每一件新的创造都比前一种更完美。它还不能达到完美的地步，因为物质在反抗它，就连大理石被雕刻的时候，也在反抗着雕刻家的雕刻刀。但是，在大自然的创作中，难道人是最后一级了吗？

难道不可能有更完美、更有意识的生物吗？

亚里士多德认为，他已经看到了大自然所希望的事物。它希望最后变成比一切都更完美的东西：变成思想本身，变成理性本身。此时，亚里士多德不知不觉地又回到了他年轻时候柏拉图曾经引导他走的那条老路上去了。

▲ 亚里士多德研究动物

　　亚里士多德说过，灵魂不能离开肉体而存在，就像杯子的形式不能离开杯子存在一样，这是不久以前他刚刚说过的。而现在他竟开始相信居住在我们的世界之外的某个地方的、没有实体的理性，它用坚固的锁链把活的和死的系在一起：土—植物—动物—人。

　　他向大自然又提出一个新的问题：土是什么呢？在我周围所看到的水、空气和火都是什么呢？它们是单独地存在，还是彼此间也有联系的呢？

　　他仔细思考着大自然中的许多事物：风和云，雨和雪，铁和石头。他在城市散步，在烟气弥漫的铁匠铺门口停住了脚步，他和其他的好奇的人一同观看正在干活的铁匠。他在认真地思考着，锤子的敲击声并不妨碍他的思考。他看到火把矿石变成亮闪闪的可锻的金属，由此他想到矿石是土生产的，这就是说，金属也是从土里产生出来的。

　　他看见，木柴在火里燃烧，化成了烟，烟又飞入空气。我们知道作为木柴的树木，也是土地妈妈生出来的。当他看到火被水浇灭的时候，亚里士多德仔细研究那升向天空的一团团白云般的水汽。他想到，落到地上的水也是来自这样的白云。

就是这样，东西从一种变成了另外一种。新的一种不仅仅是由旧的那种组成，而且是从它那里产生出来的。

要知道，赫拉克利特就已经说过："水的死是蒸汽的生。"

在亚里士多德的眼前出现了一连串变化：土里生长出树，树可以生火，从火里产生的烟和蒸汽，再飞入空气，从蒸汽产生出水，而水又重新产生土，成为淤泥积在河底。这就结成了一条锁链：土—水—空气—水—土。

宇宙是四种元素构成的，恩培多克勒就这样想，这4种元素彼此转化。这是不是能够证明它们是构成世上万物的第一元素、第一物质呢？伟大的锁链——从单一的第一物质到最高一级的人，结合起来了。这条锁链包括世界上的一切东西，包括天地万物。

亚里士多德考察了生物体的奥妙，又考察了非生物的奥妙，于是他进一步想了解宇宙间所有的东西。夜里，他观看星星，观看天空，像以前的阿那克萨哥拉和许多哲人那样观看。他已经想到了，大地不是一个平的圆盘，而是一个圆球。毕达哥拉斯学派的人就已经这样讲过。他也从水手那里听到，当船向北行驶的时候，北极星在地平线上逐渐升高，当向南航行的时候，北极星又会逐渐降低。假使地是平的圆盘，那北极星的高度是不会发生变化的，那也就不会有这种事情了，所以地球肯定是个圆球。

他想到，在月食的时候，是大地遮住了月亮，大地向月亮上投射的影子是圆形的，就像在蜡烛和墙壁之间的苹果一样。他的一些学生还不能想象大地是个圆球。他们还是无法理解这种说法。他们说，假如大地是个圆球，那么在我们下面的人不就是头朝下走路了。再说船怎么能够爬上那么陡峻的斜坡呢？为什么它们不往下滑呢？

亚里士多德含着笑平静地听他们说。他已经知道，这种反对的意见是幼稚，是无知。亚里士多德已经丝毫不怀疑，地是个圆球。他从地球走向恒星，他比德谟克利特小心。他认为，世界只有一个，在世界的中心是不动的地球。天球围绕着它旋转，月亮、太阳、行星、恒星都固着在天球上。

可为什么有时行星跟恒星一起前进，有时它们又各自行进，就像逆流航行的船那样？因为宇宙的情景比表面看到的要复杂得多。

每一颗行星都固着在一个透明的球上，这个球被包在第二个球里，第二个球被包在第三个球里，第三个球被包在第四个球里……每一种运动都有它自己的球。一个球携带着行星向前，向着恒星所走的那一方向。另外一个球携带着行星向后，第三个球把它向上抬，第四个球把它往下降。太阳和月亮各有三个球，它们只有向前走的运动，没有往回走的运动。恒星的球是最远的，那就是世界的边界。亚里士多德认为，他看懂了世界，他把那个叫作世界的自动玩具拆开了，看懂了，又重新安装了起来。

亚里士多德想，总应该存在一种永恒的、不动的什么东西，使天和世界上的万物运动。于是他就在恒星天球之外很远的地方，在天的边界之外，假想有一个永远不变的原动力，就是那个住在"彼处的"世界里的理性。他曾经嘲笑阿那克萨哥拉，说当他找不到更好的解释的时候就出动智慧机器，去补救以前的事。而现在他自己也把这架老旧的机器拖了出来，并且给它起了一个新的名字：第一原动力。

路又把他引向不存在虚无的世界。他想，在我们的下界，一切在变，但是在月亮天球之外是没有变化的，那个领域里的事物是永恒的。因为天体不是用地球上的物质做的——不是用土，不是用水，不是用火，不是用空气，而是用纯洁、永恒、不朽的意识做的。

亚里士多德重新回忆起柏拉图的学说，他在世界的上面又造了一个虚幻的天上世界，那里没有毁坏和灭亡，那里的运动也跟地上的不同，那里什么都不上升也

▲ 柏拉图和亚里士多德在雅典学院

真理和自由永存

▲ 在西方世界里，亚里士多德的半身雕像成为高雅文化的象征

不下落，那里一切都处于永恒的、平静的旋转运动中。就是这样，亚里士多德一会儿找到正确的道路，一会儿又迷途了。昨天他断言，不存在没有肉体的灵魂，也不存在没有物质的形式，他无情地批评柏拉图的理念学说。而今天呢，他自己又变成柏拉图的继承者，谈起不包含任何物质的"第一动力"和"别的世界"了。他努力把全部的希腊学问收集到一起，在这个过程中，他常常把那些不能合并的东西也合并了——柏拉图和德谟克利特，旧宗教和新科学，唯心主义和唯物主义。亚里士多德尽管在许多地方犯了错误，但他仍旧理所应当是这个地球上古代最伟大的思想家。

第06章

科学征服世界

亚历山大没能征服世界。虽然他曾经真的征服过从意大利到印度的一部分地域，但在他死后，这些地方依然分崩离析了，像一盘散沙一样。那些跟着军队一起去的科学家要幸运一些，他们为了科学研究而得到的战利品，不仅能保留几十年，甚至还可以保留很多个世纪。

亚里士多德有众多学生，他喜欢带着学生在吕克昂学校的长廊里散步，这个学校就在雅典，他们边走边谈，样子好像很逍遥自在，所以人们用"逍遥派"这个名字称呼亚里士多德和他的学生们。他们不停地走，学生们尽量不落在老师的身后，因为他们想听清老师讲的每一句话，就是在这样看似逍遥的散步中，学生们认真地听老师讲解。在拐弯处，学生们一定会恭请老师先走。

在每一次充实的散步结束之后，学生们都会各自散开，去干自己的事情。有些去采集植物；有些则去研究动物的构造；有些在沙盘上画几何图形；还有的学生，他们坐在纸堆中，从中摘录文字笔记。

他们都是在帮助自己的老师写一篇文章。亚里士多德为了写一篇论国家的文章，需要研究158个希腊城邦的制度。亚里斯多德自己所写过的书，加起来有1000部之多，也只有像他这样的巨人才能肩负起如此艰巨的任务。但是，他只靠自己是忙不过来的，必须有他那些学生和助手们的帮助。他们好像一支小小的部队，他们一天天行进在通往科学真理的道路上，而他们每天的散步，就是进军！亚里士多德就是这支部队的统帅，他留给学生们一个任务：把所有科学家零碎的观察和结论统一成一个关于宇宙的系统的科学。

这种科学已经存在300多年了。在公元前6～前4世纪中，有过无数的科学家都曾经创立了一些自己的东西，有的建立了自己的学说，其中很多学说，就像希腊的城市那样，是彼此敌对的。

要想把这纷繁的、甚至有些矛盾的一切统一成一个伟大的科学王国，必须进行比较、核对等大量的工作。这个强大的科学王国的领域越来越宽广了，学校的首脑在划定这个领域的疆界。

第一个领域是数学，第二个领域是物理，第三个领域是植物史，接下来的领域是动物史，第五个领域是科学史，第六个领域叫伦理学，第七个领域是政治学……在如此众多的科学领域之上，有一门最高的科学统治着它们，那就是哲学。

亚里士多德把任务分工明确，他的一位高徒也是他的追随者——德奥弗拉斯特主编植物史。欧德谟[1]主要从事研究科学史。亚里斯托克塞钠[2]研究的是和谐的规律。第凯尔库斯[3]一直在研究地理……

吕克昂学校是学生们每天必去的聚集地。当亚里士多德和他的学生们谈话的时候，他常常伤心地想起他的第一个学生，这位学生是他认为最好的一个学生。正是这个人，把科学家和平的武器改换成了征服世界各民族的利刃。

马其顿[4]的国王腓力二世[5]曾经写信给亚里士多德，他说："我的儿子亚历山大[6]和你生在同一时期，对此我非常感谢神明。因为我希望他可以在受到你的教育之后，将来可以合格地继承我的王位。"接到腓力国王信件时的亚里士多德，还是个青年人。

▲ 腓力二世

腓力国王统一了许多敌对的希腊城市，他是个强有力的君王，他把那些敌对的城市集合成了一个大的王国。他的威力之大，以至于爱好和平的雅典都不得不承认腓力的统治。腓力国王希望能获得更伟大的战绩，所以他把希望寄托在自己的儿子亚历山大身上。

---

1 欧德谟（公元前4世纪）是亚里士多德的朋友和学生，他整理了亚里士多德的《伦理学》，还著有数学和天文学的著作。

2 亚里斯托克塞钠（公元前4世纪）是亚里士多德的学生，古希腊哲学家，他还研究音乐。

3 第凯尔库斯（公元前355～前285年）是古希腊的地理学家，曾利用亚历山大远征所获得的地理知识，绘制了世界上已知的第一幅地图。

4 马其顿王国是位于巴尔干半岛中部的古代奴隶制国家，公元前4世纪中叶建立。

5 腓力二世（约公元前359～前336年），马其顿国王，在位约23年。

6 亚历山大（约公元前356～前323年）是马其顿国王，在位约13年。

科学征服世界

▲ 亚历山大大帝和他的老师亚里士多德

做王子的老师，尤其是做希望统治全世界的王子的老师，是一件很困难的事。亚历山大非常尊敬亚里士多德，他也喜欢科学。他送给亚里士多德800塔兰特，这是一大笔金子，多到10辆车都拉不完。亚里士多德用这笔巨大的财富买到了许多珍贵的手稿。

如果亚历山大不是国王，如果亚历山大听从他老师的话，那么他也许会和别的学生一样，在吕克昂校园的林荫道上散步，走在哲学的路上。他也会在他的老师的带领下走到地的边缘，而且还会走向天空中的发光体，走向遥远的空间。他也将会为了科学，为了全人类去征服世界，而不仅仅为了自己的权利和马其顿王国去征服世界。

但是，亚历山大在远方征战，他在大地的边缘跟那些在草原上神出鬼没的骑兵们战斗，在抵抗印度军队战象的进攻。把他引向了那里的是什么呢？是希望女神！据说，在他出征之前，把自己所有的奴隶和领地都赠予了他的朋友们。有人问他给自己留下了什么？他回答说："希望。"正是希望女神把他和他那支庞大的部队引去了亚洲。

亚洲有堆满了财富的波斯王的宝库，亚洲是世界的边缘。在印度，有鸟头狮爪的怪物格拉普斯[1]在看守着大堆的黄金。人们怀着这样的希望去亚洲，

---

[1] 格拉普斯的英文是 Griffin，是希腊神话里一头长着翅膀，鹰首狮身的怪兽，它看守着宝物。

亚历山大的每一个战士都希望能在东方找到他们所期望的财富。那些已经有了奴隶和黄金的人，想使他的财富更多；那些一无所有的人想得到财富，他们要求的不多，即使只有一点也行，这样他们就能摆脱令人厌恶的贫穷。

留在家中的人并没有哭泣，因为他们得到了希望女神的安慰。穷人们的妻子和孩子们相信，他们的丈夫和父亲一定会从东方获得幸运，带回他们从未见过的财富；富人们也十分高兴自己未来会更富有；饥饿贫穷的流浪汉也将变得富有，他们再也不会嫉妒富人们的财富了。

在亚历山大的同行者中，也有一些是科学家。他们想到新的国土上去做研究，走到一个从没人到过的地方，带回奇异的植物和珍贵的野生动物标本。因为国王亚历山大曾经是亚里士多德的学生，所以国王同意科学家同行。

跟随着希望女神的脚步，人们走过平原和山地。人们在希望女神的带领下，甚至可以在俾路支沙漠里都忘记了口渴和炎热；当他们穿过兴都库什山脉那些盖着雪的隘口的时候，希望女神使人们感到温暖；印度丛林中，每一根树枝都可能是毒蛇，人们又从希望女神那里得到了支撑的力量。

经过了无数次战争，行进的路还是没有尽头。大量的车把前方军队掠夺来的黄金运往后方。可是军队疲劳不堪，战士们衣衫褴褛，越来越像是一群无纪律的杂乱的乞丐。他们的剑都磨损了，马蹄也因为漫长的道路而

▲ 亚历山大率军打仗

科学征服世界

磨破了。亚历山大想做一件伟大的事——他想统治全世界。但是他当时不知道大地有多大，如果当时他能够明白地球有多大，他就会发现自己的企图是多么荒谬。在他所使用的行军地图上，地球的边缘就在巨大的河流药杀河[1]和印度河的边上。在这幅地图里，要想突入环绕世界的大洋，里海就是那个适合的海湾。

亚历山大率领军队到达了药杀河（现在人们所说的锡尔河），他以为这里就是欧洲的尽头，在这之外就是海洋了。

可是当他站在岸边上时，他惊奇地看到了水的另一边居然是无边的草原。在这片草原上，还居住着一些有力的民族——西徐亚人、哈萨克人和马萨格泰人。这些民族的后裔，至今还住在俄罗斯境内的一些地方，他们头戴毡帽，是威武的骑士，他们会突然出现并且袭击亚历山大的部队，然后又会迅速消失在草原中。

而且就在那个时候，在亚历山大的后方，中亚细亚发生了民族暴动。此时这位伟大的领袖——只知道一往无前的国王，毅然决定不退兵。他把战争转向了印度，他的老兵们大量死在了印度战象的脚下，死在了雨水一般的箭下，淹死在了洪水里……他们已经长途跋涉了十年，可是始终看不到世界的边缘。在印度之外他们又见到了新的未知的土地和河流，这些河流流向的是未知的海洋……

士兵们开始动摇了，他们不再继续往前走，然后又丢掉了剑和盾牌，他们不再听从自己长官的命令了。他们认为希望女神欺骗了他们，他们曾经以为自己可以得到全世界，结果，他们得到了什么呢？他们得到的只是残疾和伤痛、疾病和死亡。亚历山大看到了士兵们的抱怨，为了制止这种情况的发生，他下令把车上拉的酒桶全部打开，让士兵们喝个够。这样，无敌军队醉醺醺地唱着歌，在军笛声中又回来了。

1　药杀河是锡尔河的古称，音译是雅克萨尔特斯。在中国《隋书》《新唐朝书》中，叫作药杀水，源头是天山山脉西段，流经前苏联哈萨克境内，最终注入咸海。

但是最后，亚历山大没能征服世界。虽然他曾经真的征服过从意大利到印度的一部分地域，但在他死后，这些地方依然分崩离析了，像一盘散沙一样。

那些跟着军队一起去的科学家要幸运一些，他们为了科学研究而得到的战利品，不仅能保留几十年，甚至还可以保留很多个世纪。他们一回到家乡，就向朋友们描述着他们的所见所闻以及他们在那里发现的科学。当德奥弗拉斯特编写《植物史》的时候，这些科学家的旅途杂记就放在他前面作为参考。他从这些游记中得知，在地球上炎热的地方，有一种"像森林的树"，远远望去，就像一片森林，它有好多根树干，看起来像好多棵树，其实，那些都是从一棵树上向下生长出来的根。还有一种夜晚睡觉的树，每到晚上，这种树上的羽状叶就彼此重叠，闭合起来。等到第二天早上，树叶又都张开了。那里还生长着高大的芦苇，可以长得比树还高。还有树上长着像鸟的羽毛一样漂亮的树叶，中间垂下来一串串长的果实，这种果实可以吃，而且吃几个就可以饱腹。

这些都不是故事，也不是神话传说，每种树都被科学家描述得很精确，甚至连树叶上最小的锯齿状边缘都描绘出来了。科学家的眼睛不只看到了树叶，他们利用自己最锐利的眼光，试图看到展现在他们面前的整个植物王国。在那最高的山峰山脚下，有棕榈林，香蕉林和竹林。再往上，是一年常绿的树木，这让远道而来的科学家想起了他们的家乡，想起了月桂树和木莲。再往山上走，就是阔叶林和针叶林。再往上走，山坡就被苔藓和草覆盖着了。每一座山上的植被分布情况，都和地面上从热带到寒带植被的分布情况是一样的。

随军队远征回来的科学家们，还带回来许多其他的发现。在这次的长途旅行中，亚历山大大帝不止一次地羡慕科学家们，因为他们很少替自己考虑，大多数时间他们都在考虑科学。

据说，亚历山大在进军亚洲之前，还曾经去科林斯拜访过哲学家第欧根

▲ 第欧根尼

尼[1]。这位科学家从不在自己的屋子里招待来访的客人，为什么呢？因为他根本没有自己的屋子。他像流浪的犬一样，住在一个破桶里。用他自己的话来说，他这样的生活却是比国王还幸福。没有任何困难能让第欧根尼低头。

有一天，他出现在奴隶市场上，混在了一群被出售当奴隶的人中。他向前来的雇主说："如果你想给自己找个朋友，而不是买到一个奴隶，那你就应该选择我。"于是，两个骄傲的人相遇了，他们是宇宙的主人亚历山大和破桶的主人第欧根尼。

亚历山大向第欧根尼许诺，他可以满足他的任何愿望。第欧根尼的愿望是什么呢？他的愿望竟然只是简简单单的一句话："走开，不要挡住我身上的阳光。"亚历山大曾经说："如果我不是亚历山大，我一定要像第欧根尼那样生活。"

侵略者的进军带来了尘土和大火以及滚滚的浓烟，这些尘土和浓烟挡住了本应照在数百万人身上的阳光。但是浓烟终究会消散，尘土也最终会落定，只是战利品却最终丧失了。

---

1 第欧根尼（约公元前404～前323年）出生于锡诺普，在今天的土耳其境内。所以历史上称他为锡诺普的第欧根尼。他是古希腊犬儒学派的哲学家。